푸르메 어린이

검정고무신 기영이의

자폐친구 사귀기

-발달특성에 맞춘 자폐아동 부모교육 매뉴얼-

이민정 글 • 이우영 그림 • 김붕년 감수

학지사

머리말

서울시 발달장애 아동 · 청소년실태 조사(종로아이존, 2013)에 의하면 발달장애아동 부모들은 장애자녀의 이상을 발견하고 병원을 찾아 진단을 받게 되는데, 이때 공교롭게도 재활치료에 대한 적극적인 안내나 조언을 얻지 못하고 있습니다. 전문가의 통합적 지도와 안내의 부재로 재활치료를 받으면서도 현재 시행하고 있는 것이 제대로 된 치료인지 알지 못하여 불안감을 안고 있으며, 이에 치료에 대한 정보도 입소문이나 인터넷 등에 의지하여 조기치료에 실패하거나 큰 치료비용으로 경제적인 부담만 더해 가는 악순환이 지속되고 있습니다.

자폐아동 치료교육에 있어 부모는 공동치료자(co-therapist)로서 역할을 담당하고 있으며, 올바른 부모교육은 아동과의 의사소통, 장애에 대한 인식, 부모의 대화 기술, 아동과의 상호작용 등에 있어 다양한 효과를 보이고 있는 것으로 나타나고 있습니다. 즉, 자폐아동의 치료교육에 있어 가장 중요한 부분은 아동과 가장 많은 시간을 가까이에서 지켜보고 동고동락을 하는 부모에게 올바른 교육법과 발달증진을 위한 양육방법을 전수하는 것입니다. 아동은 부모에 의하여 치료기관과 치료 종류를 선택할 수밖에 없고 부모와 상호작용을 가장 많이 하기 때문입니다.

이 책은 자폐아동 부모님들이 쉽게 이해할 수 있도록 『발달단계별, 특성별로 접근한 자폐부모 교육』(학지사, 2017)을 재구성하여 〈검정고무신〉 이우영 작가님의 그림과 이민정 작가님의 글, 서울대학교병원 김붕년 교수님의 감수로 만들어졌습니다.

특히 '첫 진단을 받은 부모'와 '학교 진학을 앞둔 부모'를 위한 신뢰도 있는 치료와 가이드를 제공하고 서울대학교병원에서 개발된 '모-아애착증진프로그램'을 삽입하여 자폐아동 부모들이 가정에서 실질적으로 사용할 수 있도록 개발되었습니다. 아울러 최근 의료적 자문을 얻지 않고 부모님들 사이에서 임의로 이루어지고 있는 각종 보완대체치료에 대한 근거 수준과 권고 등급을 게시하여 치료에 참고할 수 있도록 하였습니다.

근거중심 부모교육 책자가 탄생하기까지 종로아이존 발달장애아동 부모님들의 요구와 푸르메재단의 아낌없는 지원이 큰 도움이 되었습니다. 아울러 이상을 실현하는 데 수십 차례에 걸쳐 함께 고민하고 책을 정리하여 주신 김붕년 교수님과 멀리 제주도에서도 걸음을 마다하지 않으셨던 이민정 작가님께 깊은 감사의 말씀을 올립니다.

부디 이 책이 단순한 출판물에 그치지 않고 자폐아동 부모님들의 질환에 대한 이해와 신뢰도 있는 재활치료 여정 그리고 발달장애아동 양육 등에 실질적인 도움이 되기를 진심으로 기원합니다. 감사합니다.

2017년 7월

종로아이존 사무실에서

한일웅 올림

등장 인물

안녕? 난 기영이 친구 현수야.
이 책의 주인공이지. 처음 만났을 때는
기영이를 많이 놀라게 했지만
시간이 지날수록 점점 더 친해지게 됐어.
난 너희와도 친하게 지내고 싶은데,
너희는 어떠니? ^^
난 요녀석들이 자폐탐험을 잘
끝낼 수 있도록 도움을 주는 '봉쌤'.
모르는 게 있으면 나를 찾아오도록!
에헴~
<검정고무신>의 주인공 기영 님이시다~
현수라고, 이번에 새 친구가 생겼지!
너희에게 소개할게~ 짜잔~

난 기영이 형님
기철이!
현수 누나야!
지수라고 해.
기영이 엄마란다~
마녀 이모 알지?
현수 엄마예요~
호호^^

기영이네 집....

이모, 또 당 떨어졌어? 오늘 간식은 뭐임?
식빵, 잼, 쿠키.

오우, 맛있어 보이는 비주얼~
넬름~
먹고 싶니?^^

쿠키와 환상 궁합인 우유까지~
꺄아~
반짝~
반짝~

이모, 맛있어요?
맛은 당연히 있는 거고 맛이 좋으냐고 물어야지.
...
하여간 적당히가 없어.
이모, 맛이 좋아요? 호호~
오물~ 오물~
먹을래? 줄까?
네네, 네네네~
아이원츄~ 아이원츄~
콱콱콱콱 콱콱콱콱
호호~ 쿠키몬스터~
천천히 먹어, 자 이것도.
다녀 왔습니다!
더 주세염 더 주세염
강아지냐?
찡~ 찡~
어서 와, 기철!
냠냠냠~
이모, 옆집에 이사 온 사람들 봤어요?
이사? 그 집에 누가 살았었어?
헐~

이웃에게 관심 좀 가져 주소서!
됐고! 보고나 해!
우선, 옆집 식구들은 아빠, 엄마, 누나, 남동생…이렇게 4명인 것 같고…
할머니나 할아버지, 이모, 고모, 삼촌의 흔적은 보이지 않았어요.
지수야, 힘든데 그냥 쉬고 있어.
그래, 아저씨들이 도와 주셔.
알았어, 엄마!
올~ 뉴페이스!! 지수…
스캔 중
흠…일반 적이네!
그런데…
그런데?

지수 지수 지수
누나는 나랑
또래인 것 같고...
헤헤헤~
...?
남동생 녀석은 기영이랑
비슷한 나이 같은데...
그런데...
그 아이도
잘생겼겠군.
우물~
우물~
그런데?
나이는 비슷해
보이는데..
보이는데
뭐?
그런데...
그런데...
도대체 하고
싶은 얘기가
뭐냐?
크
워
콱!!
이모 성격
잘 알면서..
아..아무튼
기영이랑은
좀 달라
보여요.
턱턱턱~
뭐, 기영이랑
다르면 굉장히
똑똑하겠는데?
해 맑
냠
냠

…
100만년 만에 이모와 의견일치!
엄지척
근데, 그 애 그림을 진짜 잘 그리더라구요.
그건 어찌 알아?
봤거든요. 다들 이삿짐 옮기느라 바쁜데 뭘 끄적이고 있더라고요.
?
슬쩍 훔쳐 봤는데…근데, 대박 잘 그렸어요.
누구냐, 너!!

상대방이 조금도 눈치채지 못하게 정보 입수 성공!
야! 완전 탐정같다~
허허. 탐정 이기철 님~
존재감 없는 것도 이럴 때는 장점~
...
어디 가?
탐정 놀이 중!
범인은 바로 단신! 아니, 당신!!
친구 사귀러요~
친구?
사건 스멜~
이사 이사
...
...

저 아이?
험험...
흘깃~
...
안녕?
?
멍~
슥~
...
과자
먹을래?
불쑥~
...!!

으악!!
주춤~
주춤~
아!!
털썩~
얘, 괜찮아?
으아앙~~
으앙!!
당황~
현수야~
으앙~
으앙~
저기, 저는
아무 짓도
안 했어요.
비얼비얼~
그냥 형이
친구가 이사
왔다고 해서
구경 온
건데요, 진짜
아무 짓도
안 했어요.
안녕~ 만
했어요.
진짜예요.

응, 알아. 아줌마도 봤어. 미안해하지 않아도 돼. 괜찮아.
아...
...!!
그럼 나는 이만... 안녕~
슬금~ 슬금~
다음에 또 만나자~
후다닥~
...

...
빨리 들어왔네~
친구는 어때? 친해질 수 있을 것 같아?
아니요.
왜?
글쎄, 재랑 틀리다니까요~
틀린 게 아니라 다른거지.
네네~
내가 싫은가 봐요. 인사하니까 울던데요?
으악!!
이렇게 인상 쓰고 인사한 거 아니고?
안.녕.
부릅
아니 거든요~

안~녕~ 이랬거든요?
흠...
그 아이, 예전에 고모가 돌봐주러 다니던 애들이랑 좀 비슷해 보였어요.
그래?
느낌이요. 확실한 건 아니고.
탐정의 촉 발동~
흠...
친구라는 건 처음부터 금방 친해지기도 하지만,
...
친해지는 데 시간 걸리는 경우도 있으니까 잘 지내도록 해.
집에도 데려고 와서 놀고.
네.

불쑥!!
그건 나한테 허락을 받아야 하는 거 아니냐?
헉, 깜짝이야!!
소리 좀 내고 다니시구랴~~ 닌자야 뭐야?
놀라서 욕 할뻔..
집주인 허락도 안 받고 결정해?
알았어, 알았어. 니네 들었지? 집주인이신 어머님께 손님초대 허락을 꼭 받고 데려와야 한다.
응?
네네~
뭐야, 왜 까칠해? 내가 틀린 말 한 거 아니잖아?
제가 경솔 했던거죠. 주인님은 맞고 나는 틀리고.
똑같은 성격의 자매...
...
행동의 심리학

!!!
그대 아무 걱정
하지 말아요~
아이고,
마녀님~
바쁘셔유?
바빠유~
알겠슈~
무슨
일인데?
상담 좀
하려고
했쥬.
굽신~ 굽신~
그런 건
병원으로
와야지,
예약 필수!
예예~

누군데 공손해요? 혹시 이모 누구 사귀어요?
넘겨짚지 마! 공손할만한 분이야!
옆집 아이가 네가 인사만 했는데 놀라며 울었다고?
그렇다니까요~
안녕~ 인사했는데,
왕~~~
울었다니까요~
샥~
메소드 연기...
형 얘기도 그렇고 이모 짐작으론 아픈 아이 같은데 잘 지낼 수 있겠어?
내가 걔랑 꼭 잘 지내야 해요?
우왕~~
뭐, 꼭 그래야 한다는 건 아니지만 학교에서건 동네에서건
자주 보게 될 텐데 기왕이면 친하게 지내는 게 좋지.

네...
친구를 사귐에 있어 좋고
나쁘고를 따지기 전에 뭘
해야 한다고 그랬지?
알아보기!
그렇지! 역시
똑똑한 내
조카야~
가르친 보람이...
상으로 과자를
줘야지~~
아이원츄~
아이원츄~

다음 날.
다녀오겠
습니다!
차 조심해~
멈칫!
!!!
옷!!
퍽!..
…
그 애하고
누나다.
홱!

먼저 가.
그럼...
어?
아냐,
레이디퍼스트지~
하하하~
성큼~
성큼~
홱~
괜찮으니까
먼저 가.
난 동생 학교
버스가 오면
태워 주고
가야 해.
동생아! 잠시 머문다고
지각을 할 시간은 아니지?
찡긋~
아.. 뭐..
아직은
아니지~
우리가 같이
기다려 줄게.
그래 그럼.
고마워.
이웃사촌 좋다는
게 이런 거지!
하하하~
하하하~
현수야, 잘
다녀와. 있다가
보자~
...
부웅~
스쿨버스

…
고마워, 이제 가자. 늦겠다!
어, 그래~
삐질~ 삐질~
형, 덥냐?
몇 살이야?
나는 중학교 1학년 열다섯, 현수는 열 살이고 초등학교 2학년이야.
내 이름은 서지수, 내 동생은 서현수.
딱 우리랑 같네. 난 이기철.
이 녀석은 이기영.
나이는 그 집과 같음. 하하하하~
누나, 안녕~
안녕~
우리 현수 어때?
뭐가?
괜찮아 보여?

이상해?
기영아, 현수 이상하냐?
어제는 계속 이상하다더니..
그.. 글쎄..
괜찮아, 솔직하게 말해도 돼.
뻘~
뻘~
음.. 얌전한데 신경질이 있는 거 같아...요.
아주... 조금~
조금~ 조금~
풉! 기영이 착하다, 다행이야~
어, 착해...
꼬옥~
저기... 우리 현수는 자폐라는 병에 걸려 있어.
아, 자폐...

근데, 그게 뭐야, 형?
뭔지는 알겠는데... 말로 하라면 좀 힘든데...
복합적인 발달장애를 말하는데 쉽게 얘기 하자면 나이에 맞게 성장하지 못하는 거야.
빙고!!! 그래, 그거야! 이모가 가르치던 학생들!
아이도 있었고 어른도 있었지. 근데 다들 비슷하게... 비슷하게...
형은 바보들이라고 놀렸지만 저는 안 그랬어요.
동생아~~
괜찮아, 처음엔 다들 그래~
하지만 여기저기 옮기는 나쁜 전염병도 아니고 현수 혼자서 마음이 많이 아프거나 답답해서 화를 내는 것처럼 보일때도 있고 신경질적으로 짜증내기도 하는데, 아무튼 일부러 그러는 건 아니야.
저도 어쩔 수가 없어서 그런 거니까 혹시 우리 현수가 갑자기 이상한 행동을 해도 미워하거나 화 내지 말아줘, 부탁이야~
누나...
살포시~

윙크~
걱정 마~ 우리 친절이 부라더스가 '현수' 확실히 책임진다!
정말? 정말이지? 고마워!
근데 언제부터 아팠어요? 애기 때부터?
응. 유치원 갈 때쯤부터 아팠던 거 같아.
처음엔 나도 현수가 소리 지르고 말 따라하는 거 싫어서 같이 안 놀려고 도망 다니고 그러다가 엄마한테 혼나고 그랬어.
나 같았으면…
에고, 상상하지 말자.
무슨 생각해?
우리 형 같았으면 엄청 때렸을 거야, 100%!! 그에 비하면 누난 천사예요. 헤헤헤헤~
호호~
오늘 고마웠어. 저녁에 우리 집에 와 줄래?
지금 초대 하는 거야~
초, 초대?
무..물론이지. 있다 보자, 지수야~

좀 더 자세히 알아볼까요?

흔히 말하는 자폐란 무엇 인가요?
자폐 스펙트럼 장애 (Autism Spectrum Disorder, 이하 ASD)는 복합적인 발달장애를 포괄적으로 일컫는 용어입니다.
자폐로 확진되기 위해서는
1. 사회적 관계형성 능력
2. 의사소통 및 놀이
3. 제한된 관심과 반복적 행동 등의 3가지 영역에서 어려움이 확인되어야 합니다.
3가지!!

자폐 스펙트럼 장애를 가진 사람들이 많은가요?
최근 미국 질병관리본부 통계에 따르면 1,000명당 13.1명으로 나타났습니다(MMWR Surveillance Summaries, 2012).
수치가 다양하기는 하지만 최근 20년간에 걸쳐 점점 증가하고 있는 것은 일관된 결과입니다.
특히 우리나라의 유병률 증가율이 높은 편인데,
쑥쑥~
고공 행진~
김영신 등(2011)이 대규모 전수조사를 통해 발표한 유병률은 무려 2.6%로,
보고서
유병률 2.6%
이는 다른 국가들에 비해 높은 결과였기 때문에 세계적인 주목을 받기도 했습니다.
도대체 이유가 뭐야?
오~
한국의 유병률 2.6%
높다, 높아!
보편적인 특징으로 어떤 것이 있을까요?
자폐 관련된 모든 연구에서 남아가 여아보다 유병률이 높은 것으로 보고 됩니다.

남아 3~4명당 여아 1명 정도로 전세계적으로 일정한 편입니다.
모든 사회경제적 계층과 가정에서 나타날 수 있으며,
잘사는 집이나 못사는 집이나,
차이가 없다네…;;
어떤 교육 및 직업에서도 비슷하게 발생할 수 있지만
부모의 학력이 높은 경우 자녀에 대한 관심이 높고 병원접근성이 높아 병원과 치료시설 등에서 치료에 노출되는 경우가 증가할 수 있습니다.
아무래도 자폐 같아요.
병원 가보자.
자폐스펙트럼 장애를 가진 아동 중에 특정한 영역에서 기능 및 지능수준에 비해 뛰어난 능력을 가진 경우가 있습니다.
오~ 천재적 자질이야~
뚜루루룽룽,
이를 특별한 재능(savant skill)이라고 합니다.
방송국이죠? 제보하려고요.
띵띠딩~
띵띵~
기억력, 음악, 미술, 계산, 읽기, 기술적·지리학적인 능력, 미세운동협동 등 다양한 영역에서 나타날 수 있습니다.

똑같은 행동을 반복하고 말을 따라하거나 고정적인 행동의 패턴을 유지하며 일상적인 자극들에 예민하게 반응합니다.
위잉~
왜 자꾸 따라해?
베베~
왜 자꾸 따라해~ 따라해~
으아!! 시끄러!!
다른 병이 같이 올 수도 있나요?
자폐 스펙트럼 장애는 매우 다양한 질환이 공존할 수 있습니다. 이러한 공존 질환이 해결되지 않으면 ASD 증상의 치료를 방해할 수 있고,
아동의 일상생활 기능에 악영향을 끼칠 수 있습니다.
ㅋㅋㅋ ㅋㅋㅋ ㅋㅋㅋ
공존
질환
따라서 보호자들은 아동의 자폐 관련 증상과 구분되는 다른 공존질환이 있는지 면밀히 살펴보는 것이 필요합니다.
예로, 주의력결핍 과잉행동장애(ADHD), 강박증, 자극과민에 따른 공격성, 틱 증상 등이 있는데 이때는 약물치료가 필요합니다.

어른이 되면
고쳐지나요?
자폐 증상은 대체로
평생 지속되는 것으로
생각되며, 아주 낙관적인
예후는 아닙니다.
성인 ASD 환자의 2/3는
완전히 독립적인 생활이
어렵다고 하며
밥 주라?
끄덕~
끄덕~
소수만이 직업을 갖고 의미 있는
대인관계를 맺으며 생활하는
것으로 보고되었습니다.
치이~
치이~
의사소통 능력과 사회적 상호작용 능력은 많이
호전되는 반면 강박적이고 의식적인 행동은 큰
호전을 보이지 않습니다.
으으으~
청소년기가 되면 일시적으로 행동문제와
충동성이 더 심해지고
...
으악!!
악!
성적인 문제를 일으키기도 하므로 의학적인
치료가 꼭 필요합니다.

형제, 자매, 가족들은 어찌 해야 하나요?
형제, 자매들은 ASD 아동의 독특한 행동을 이해하기 어렵습니다.
앙~ 앙~
현수야, 왜 울어?
따라서 이에 대한 체계적인 설명과 교육이 필요합니다.
발달장애 치료는 한 마디로
형제, 자매들이 이미 잘 알고 있을 거라고 생각하면 안 됩니다.
통합적 치료 입니다.
실제로 굉장히 적은 내용만을 알고 있고 오해하고 있는 사실들이 많습니다. 따라서 부모가 정확한 대답과 교육이 불가능하다면 전문가와 함께 하는 시간이 도움이 될 수 있습니다.
영유아기는 사회적 상호 작용...
이에 대한 교육은 되도록 일찍 시작하는 것이 좋고, 주기적으로 점검하는 것이 필요합니다.
연령대에 따라 이해할 수 있는 수준과 영역이 다르기 때문이에요.
꼭 알아야 하고 잊으면 안 되는 다섯 가지 사실!

"자폐는 다른 사람에게 옮는 병이 아니다."
"내 동생이 그렇게 반응하는 건 그 아이가 선택한 것이 아니다. 반복적으로 행동하는 건 뭔가를 표현하고 싶어서이다."
" 나는 내가 뭔가를 잘못해서 동생이 이상한 행동을 하는 줄 알았다. 하지만 그건 내 잘못이 아니다."
...
" 내 동생이 뭔가를 저질렀지만, 그건 그가 원했던 것이 아니다."
"내 동생만이 자폐장애를 가진 것은 아니다."

ASD아동의 형제, 자매들이 느끼는 불공평에 대한 불만은 정상 가정보다 비교할 수 없을 만큼 클 수밖에 없습니다.
동생은 아프잖아, 네가 양보해야지!
네...
부모는 형제, 자매에게 "너는 소중한 아이이고, ASD아동만큼이나 너를 사랑한단다."
사랑해...
혹은 " 나는 너를 매우 자랑스럽게 생각한단다." 라고 표현하고 안심시켜 주는 것이 필요합니다.
ASD아동을 형제, 자매로 가지고 있다는 점만으로 친구 사귀는 것에 어려움을 겪을 수 있습니다.
네 동생 병신이냐?
...
헐~
형제, 자매들은 분노, 후회, 죄책감, 상실감과 같은 부정적인 감정을 가질 수 있고, 이를 극복하는 방법을 잘 모릅니다.
야, 가자! 재수없다.
그래~
또한 이에 대한 두려움을 갖고 있다는 것을 이야기하지 않으려고 합니다.
부르르

따라서 부모는 이런 감정을 느끼는 것이 당연한 것임을 자녀에게 확인시켜 주어야 합니다.
괜찮아? 엄마도 너처럼
화가 나지만 어른이라 참는 거야.
ASD아동이 더 어린 경우는 같이 놀 수 있는 뭔가를 찾아 주는 것이 필요하고,
하하하~
무엇보다 중요한 점은
모든 관계형성에서와 마찬가지로
사랑과 인내, 그리고 시간이 필요하다는 것입니다.
인내

부모는 자녀들이 무조건 친해지라고 강요할 수 없습니다.

형하고 같이 좀
놀아, 응?
싫은데...

단지, 관계가 형성되고 가까워질 수 있는 기회와 환경을 만들어 주는 것이 핵심입니다.

잘한다~
잘한다~

자폐아동이 있는 가정은

어머머머~
안 돼!!
와장창!!

삶의 과정이 평탄하지 않고 예측이 어려울 때도 있습니다.

퉁~

여러 가지 과제와 어려움이 발생하며, 이에는 가족 구성원의 희생이 필요하게 됩니다.

나가서 놀고 싶지만 동생하고 있어 주자...
치료센터 가는 날이니까 시간 비워 두자.
오늘도 별 일 없이 지나가길 ...

부모가 균형감을 가지고 형제, 자매들에게 적절한 지지와 가이드를 해준다면 ASD아동을 가르치고,
배우고, 웃으면서 함께 어울려 지내는 소중한 경험을 할 수 있습니다.
하하하~

실제로 적절하게 양육된 ASD아동의 형제, 자매들은 또래에 비해 이해력과 공감력이 좋으며

어머! 얘, 괜찮니?
내가 도와줄게.
앙~ 너무 아파~~~

또한 학교에서 적응에 어려움을 겪는
장애 아동들에게 쉽게 다가가며,

안녕!
난 현수야.
안녕~

도움을 주는 데 있어서 망설임이 없습니다.

개개인의 다양함을 존중할 줄 알며,

인내심이 있으므로

초원이 다리는
백만불짜리 다리!

환경의 변화에도 훌륭한 적응력을 가져

난 이제 마라톤
선수! 훈련 시작!
때르르릉~

그 누구보다 올바른 인격체로 성장합니다.
그렇구나. 처음 알았어.
이모 짱!!
배운 만큼 행하느니~ 이제 친구를 잘 알게 되었으니 친해질 수 있겠지?
네!!
에구, 귀여운 녀석!!
헤헤~
쓰담~
쓰담~
현수..

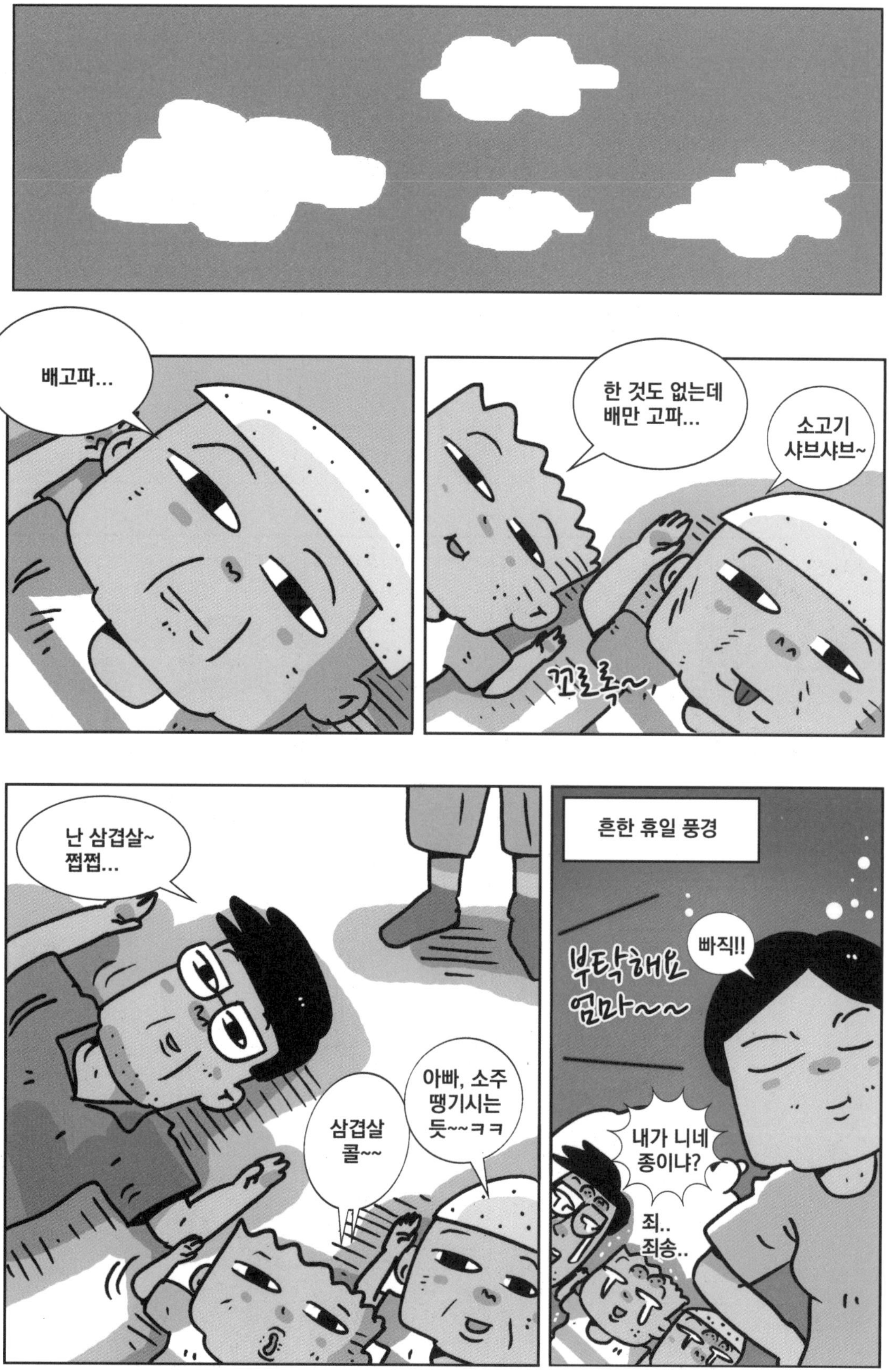
배고파...
한 것도 없는데
배만 고파...
소고기
샤브샤브~
꼬로록~
난 삼겹살~
쩝쩝...
삼겹살
콜~~
아빠, 소주
땡기시는
듯~~ㅋㅋ
흔한 휴일 풍경
빠직!!
부탁해요
엄마~~~
내가 니네
종이냐?
죄..
죄송..

오징어가
반짝 세일
입니다~
쿵짝~
쿵짝~
30%
가족 마트
...
마음 약한
엄마.
안녕
하세요?
현수
엄마?
네, 안녕
하세요?
...
쿵짝~
쿵짝~
...
잘
익었네~
통~
통~
어머, 또
만났네요?
호호~
그러게요.
수박
12000원

오이가 싸서 오이지 담을까 고민 중이었어요.
맛있겠어요.
그런데 양이 너무 많아서…
오이 SALE
우리, 같이 사요.
나누면 되겠다!
짝~
그럴까요?
SALE
무거운데 같이 들어요~
괜찮아요, 저 힘 세요~ 호호~
거뜬
아이들 이름이 기영이, 기철이죠?
그 집은 현수랑 지수죠?
네, 호호~
…
우리 집 애들이 그 집 형제를 귀찮게 할까봐 걱정이에요.

아유~ 그럴리가요.
우리 집 말썽 꾸러기들이 그 집 남매 덕분에 많이 얌전해 졌어요.
그런가요?
지수가 야무져서 우리 집 아이들을 꽉 잡고 놀던데요, 뭘.
몸에 안 좋은 과자만 먹으면 어떡하니?
미... 미안...
포스작렬
호호~
혹시... 기영이는 우리 현수가 불편하다고 하지 않던가요?
아니요? 별 얘기 없던데?
왜요? 무슨 문제라도?
어차피 알게 되실 거니까...
......
우리 현수가 자폐예요.
아.... 그거... 애들 이모가 그쪽에 경험이 많아서...
아, 내 동생이요.
긴 머리에 시꺼먼 옷 입고 돌아 다니는...

네, 알아요.
안녕하세요~
해맑
...
...
그동안 고생이 많았겠어요.
아니라고는 말 못하겠네요.
호호호...
...
자식 키우는데 만만한 일이 있나요? 그냥 운명이려니 하는 거죠.
...
처음엔 진짜 많이 놀랐어요.

8개월쯤 되었을 때 현수가 저랑 눈을 맞추지 못한다는 걸 알았는데
?
불안해서 찬찬히 살펴보니까 이름을 불러도 안 보고 잘 웃지도 않고
현수야~ 현수야~
엄마 좀 봐봐~
먹는 거에만 관심을 보이는 거예요.
우걱~ 우걱~
말도 느렸고 고개짓도 못 하고 비슷한 또래 아이들을 만났는데도 같이 놀지를 못하고…
그랬구나 …
병원엘 갔더니 의사 선생님이 자폐 스펙트럼 장애라고 하시는데 갑자기 하늘이 깜깜해지는 거예요.
가능성이 매우 높습니다.
…
뱅글~ 뱅글~
아…

지수는 영리하고 활달한 아이라
키우면서 아플 때 말고는 걱정했던
적이 없었거든요.
내가 이겼다!!
엄마~ 아빠~
연꽃반 씨름왕은 지수 양!!
진단 받고 며칠 잠도 못 자고 울고 이게
진짜일까 의심도 하고...
흑흑~
아닐 거야... 그렇지 현수야?
...
후... 생각해보면 무슨 정신으로 이제껏 살았는지...
어머, 제가 괜히 주책을...
다 왔네요. 들어가세요.
...
저기... 급하지 않으면 차 한 잔 하고 가실래요?
미안해서 ...
머뭇!
들어갑시다. 애들 학교에서 돌아오려면 멀었어요.
오이도 나눠야 하고...
호호~

응? 어쩐 일로 오늘은 안 나갔니?
후릅.
백수가 나가긴 어딜 나가? 아껴야 잘 살지.
끄으응으응응응!!
우둑~ 우두둑~
안녕하세요? 또 뵙네요. 기영이 기철이 이모예요.
마녀라고 불러주세요~
네, 마녀님! 호호~
얘가 도움이 될지… 현수 같은 아이들 가르치러 다녔어요.
!!!
아~
마녀님, 잘 부탁해요!
?!
덥석!
아니, 저 그게… 그만 둔지도 오래 됐고.. 기억도 가물가물한데다… 필요하시면 전문가를 소개해 드릴게요.
당황

전 바빠서
이만…
얘, 어…
어디 가…니?
후다닥
호호호~
없네…
호호호~
재밌는 분
이네요, 기영이
이모는.
아유, 천방지축
에다 똥고집,
시집도 안 가고.
호호호~
온 집안 애물
단지예요.
불쑥
나, 아직
안 갔다고!
아이고,
깜짝이야!
자요, 전문가
연락처. 혹 필요한
일이 있으시면
여기로 연락해
보세요.
!!
그럼, 전
진짜 이만…
고마워요!
후다닥

아, 중요한 거! 현수가 그렇게 된 건 누구 탓도 아니에요. 아시죠?
죄책감 같은 거에 휘둘리기 시작하면 현수에게 미래가 없어진다 생각하시고, 늘 긍정적으로~
...
네.
끄덕
이만 총총...
휘적~ 휘적~
어때요? 없는 것 보다는 도움이 되겠죠?
소근... 소근...
큰 도움 이죠.
저 사실은 속을 들킨 것 같아서 깜짝 놀랐어요. 기영이 이모가 혹시 독심술을...
호호... 무슨 말도 안 되는...
이사 정말 잘 온 것 같아요.
갑자기 든든한 지원군이 생긴 것 같고...
필요한 일 있으면 언제든지 돕지요.

고마워요,
기영 엄마~
별말씀
을요.
기영이는
어땠어요?
글쎄... 어땠었더라?
하도 오래 돼서... 백일 전엔
주로 낑낑 울다가 웃다가,
몇 달 지나고는 낯가림 심해서
주변 사람들이 봐주지도
못하게 하고 그랬죠.
...부럽네요.
글쎄, 나는 언뜻 봐서 그런가
우리 기영이랑 뭐가 다른지
잘 모르겠던데요?
엄청난
노력의
결과예요.
아기 때는 손잡고, 안고, 업고, 웃음소리 한번
듣자고 종일 놀아준 적도 있어요. 아이가 즐거
워야 발달이 촉진된다고 하더라고요.
제일 처음에 시작한 게 '모아놀이' 라는
애착증진 프로그램이었고
엄마 믿고
달려보자~
...
다그닥~
다그닥~

그 다음엔 언어치료, 감각통합치료, 놀이치료...
특수체육활동, 인지치료도 하고 행동을 분석한 다음에 그룹으로 치료도 하고...
거쳐 온 시간만큼 더 좋아진 거죠.
이름들만 들어도 어지럽네요.
나같이 머리 나쁜 엄마는 못 하겠어요.
뱅글~
뱅글~
호호.. 아이 때문에 이것저것 공부하다가 어려서 이렇게 공부했으면 박사가 됐을 텐데 생각한 적도 있다니까요.
인정~
뭐라도 도와줄 수 있으면 좋겠는데 아는 것도 없고...
이렇게 오가면서 친하게 지내는 이웃이 생긴 것만도 너무 고마운 일이에요.
절레
절레

이상한 아이 취급하지 않고 놀아 주는 기영이도 기철이도 너무 고맙고 감사한 일이죠.
이야기를 많이 해야 말도 늘고 성격도 밝아진다는데 밖에서는 대개 피하는 사람들이고…
가자!
조금만 더 따뜻한 시선으로 봐 주면 참 좋으련만…
…
힘냅시다, 우리! 우린 엄마니까!
맞아요. 엄마니까 힘내야죠!

좀 더 자세히 알아볼까요?

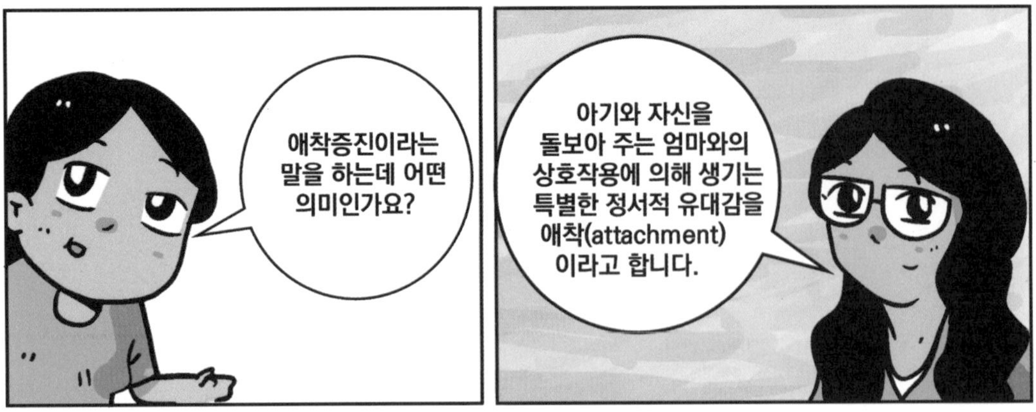
애착증진이라는 말을 하는데 어떤 의미인가요?
아기와 자신을 돌보아 주는 엄마와의 상호작용에 의해 생기는 특별한 정서적 유대감을 애착(attachment) 이라고 합니다.

영유아기에 애착이 형성되는데 보울비(Bowlby)의 애착이론에 의하면 애착형성 4단계는 다음과 같습니다.
John Bowlby: Attachment Theory Across Generations
4단계로 나누어 봤습니다.
DAVIDSON films

1단계: 애착 전 단계(Pre-attachment)

울거나 눈을 맞추고, 미소를 짓지만 특정한 대상이 있는 것은 아니다.

방긋~ 방긋~

방긋~
방긋~
정말 특정 대상이 있는 게 아니네요.

2단계: 애착형성기(Attachment-in-the-making, 6~8개월까지)

아기는 몸동작과 눈 맞춤과 같은 신호를 이용하여 부모의 양육행동에 반응하며

친숙한 엄마와 항상 같이 있으려 합니다. 이후 자신과 엄마를 분리된 인물로 인식하면서 분리불안(separation anxiety)이 발생합니다.

낯가림(stranger anxiety)은 친숙한 사람과 친숙하지 않은 사람을 구별하는 능력이 생기면서 나타나게 되며 이 시기에 가장 심하게 나타납니다.

으앙!
으앙!
뚝해~
왜울어?
죄송해요, 애기가 낯을 가려서..
괜찮아요, 호호호~

3단계: 애착기(Clear-cut attachment, 2세 전후까지)

엄마에 대한 명확한 애착을 보입니다. 엄마에게 딱 달라붙어 떨어지지 않으려하고, 엄마가 보이지 않으면 울고, 엄마 품에 있을 때 더 편안함을 느낍니다.

화장실 가고 싶은데...
찰싹
엄마 화장실에 있어~
엄마~
엄마~
앙~
앙~

4단계: 목표중심 동반자기(Goal-corrected Partnership, 2세 이후)

유아의 주변세계 탐색이 활발하고 불안한 경우에만 안전기지로 엄마를 활용합니다.
대상 영속성의 습득으로 엄마가 보이지 않더라도 좌절하지 않고 기다리며 자신을
조절하는 능력이 생깁니다.
혼자 잘 있어서 다행이야.

영유아기를 거치면서 부모님들이 양육스트레스를 많이 받는데 이를 해결할 방법은 무엇인가요?
마음 다스리기가 가장 중요해요.
마음 다스리기요?
네~
오늘을 즐기고 자녀의 변화된 상황을 받아들여야 됩니다.
자녀에 대한 현실적인 계획을 세웁니다.
일보다 사람을 먼저 생각합니다.
새삼 존경스러워요.
열심히 실천하려 노력할 뿐인걸요...

"안 돼"라고 말하기를
두려워하지 않습니다.
안 돼!
쾅!! 쾅!!
불유쾌한 부모의 의무를
즐거운 활동으로 바꿉니다.
감각통합치료
현수랑 같이 하니까 즐겁다~
창의적인 방법으로
배우자와 함께하는
시간을 갖습니다.
함께해요~
통통~
규칙적으로 운동합니다.
파워 워킹~
훅훅~
건강한 음식을
섭취합니다.
자신만의 시간을
갖습니다.
잘 있지?
과도한 스케줄을 피합니다.
일이 끝이 없어...
휘청~
휘청~
외출을 합니다.
어느새 가을...

또, 일상적인 일을 좀 더 수월하게 하는 방법들을 찾습니다.
끄덕~ 끄덕~
실패를 두려워 하지 않으며 회복탄력성을 키웁니다.
매일 연속되는 선택에 최선을 다하고, 선택에 대해서는 후회 하지 않습니다.
긍정적인 마인드로 생활하고
아이 캔 두잇!!
과거의 불행했던 추억보다는 즐거운 일을 기억하도록 노력합니다.
까하하하~
호호호...
다른 사람과 비교하지 않습니다.
누굴 닮아 똑똑하누?
...
엄마요~ 헤헤..
24개월 이상부터 가능한 자폐 스펙트럼 증세 파악을 위한 질문들은 무엇인가요?

사회성과 의사소통 행동 점검표

(Checklist of Social Attention and Communication)

행동	연령	관찰대상 행동
1. 사회성놀이 (Social Games: 까꿍놀이)	8개월	눈 맞춤, 사회적 미소, 모방, 기대하는 몸짓
2. 눈 맞춤 (Eye Contact)	8~24개월	없거나 불규칙하거나 희미하다.
3. 이름 부르면 반응하기 (Turning to Name Call)	8~24개월	이름을 불러도 거의 돌아보지 않는다.
4. 사회적 미소 (Social Smile)	8~24개월	타인에 대한 반응으로 웃지 않는다.
5. 모방행동 (Imitation)	8~24개월	타인을 거의 모방하지 않는다.
6. 언어의 사용 및 이해 (Use and Understanding of Language)	8~24개월	연령에 적절한 언어표현과 이해가 부족하다.
7. 가리키기 (Pointing)	12~24개월	검지를 이용하여 가리키기를 못한다.
8. 합동 주시 (Joint Attention)	12~24개월	타인이 가리키는 곳(사물)을 함께 보지 않는다.
9. 사회성 몸짓 (Social Gestures)	12~24개월	인사, 고개 끄덕이기 등의 사회성 몸짓을 보이지 않는다.
10. 사회성 의사소통 (Showing: Social Communication)	18~24개월	음식 요구 이외의 대화가 없다.
11. 가장놀이 (Pretend Play)	18~24개월	인형에게 먹이거나 물을 따라 주는 놀이를 하지 못한다.
12. 평행놀이 (Parallel Play)	24개월	다른 아동에게 관심이 없다.

특이행동 점검표
(Checklist of aberrant behaviors)

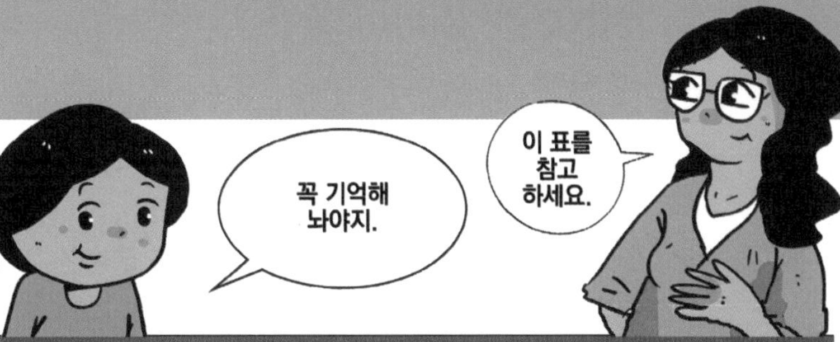
꼭 기억해
놔야지.
이 표를
참고
하세요.

행동	관찰대상 행동
1. 타인의 손과 몸을 수단으로 이용한다. (Using another's hand/body as a tool)	요구하는 사물에 타인의 손을 올려 이용한다.
	타인의 손을 이용하여 가리킨다.
2. 반복행동 (Repetitive behaviors)	일렬로 세우기/분류하기/물건 돌리기가 있다.
	장난감의 구르는 쪽을 보기 위해 머리를 바닥/책상에 대기가 있다.
	한 손 혹은 두 손에 물건을 계속 쥐고 있다.
	특정 대상에 집착함: 수시로 찾고, 쥐고 있다.
	스위치를 올렸다 내렸다 하고, 단추를 누르고/열고, 닫기/물건 던지기를 반복한다.
3. 상동행동 (Stereotyped behavior)	박수치기나 팔 흔들기가 있다(주로 흥분 또는 좌절했을 때 나타냄).
	까치발 걷기가 있다(주로 활동을 마치거나 흥분 시 나타남).
	자리에서 돌기가 있다(주로 활동을 마치거나 흥분 시 나타남).
	몸을 흔들거나 떨기가 있다(주먹 쥐고 떨기, 이 갈기와 함께 일어나기도 함).
4. 감각행동과 관심 (Sensory behaviors and interests)	사물을 눈으로 탐색하며 주로 실눈으로 응시하고, 얼굴 가까이에서 본다.
	사물의 냄새를 맡거나 혀로 핥는다.
	일상생활 속의 소리 듣기를 힘들어하고 손으로 귀를 막는다.
	손가락 사이에 물건을 끼우고 감각을 느낀다.
5. 습관적인 행동과 일과 (Ritualistic behaviors and routines)	특정한 병에만 음료수를 먹으려 한다.
	다양한 음식을 만져 보는 것을 좋아하지 않는다.
	특정 색이나 질감의 음식만 먹으려고 한다.
	물건을 특정 장소에만 놓으려고 한다.
	모든 스위치를 올리거나 내려야 한다. 모든 문을 다 열거나 닫아야 한다.
	고유한 습관이나 의식이 있으며, 끝내는 데 힘들어한다.
6. 반향어 (Echolalia)	타인이 말한 단어나 문장을 반복한다.
7. 사회성 기술의 상실 (Loss of Social skills)	기존에 습득했던 언어 또는 사회 기술의 상실이 있다.

출처: Barbaro, Ridgway, & Dissanayake (2011).

그다음 궁금한 점이…
" 모아놀이는 무엇이며 하는 방법은?
집에서 하는 모아놀이는 무엇이며 어떤 것이 있나요?
'모아놀이'는 집에서 편안하게 아이와 엄마가 함께하는 놀이예요.
아이의 입장에서 아이를 기준으로 아이에게 제일 필요한 부분에 초점을 맞추어 만든 일종의 치료놀이랍니다.
엄마, 나 쫓아와 봐!
어흥, 현수 잡아라~!!
꺄하하하하~
어떤 것이 있는지 살펴 볼까요?

놀이 제목	김밥말이
놀이 효과	놀이를 통해 엄마와 아동의 눈 맞춤을 증진하고, 이불의 압박감을 느낌으로써 촉감각 발달을 촉진할 수 있다. 또한 전정기관의 감각 발달을 자극한다.
노래	 〈가사〉 떼굴 떼굴 떼굴 떼굴 도토리가 어디서 왔나? 단풍잎 곱게 물든 산골짝에서 왔지!
놀이 방법	• 엄마가 노래를 하면서 담요로 아동의 몸을 김밥 말듯이 말아 준다. • 엄마가 이불을 감고 있는 아동을 손으로 주물러 준다. • 엄마가 건너편으로 가서 담요 끝을 잡고 “하나, 둘, 셋” 하면서 담요를 또르르 풀어 준다.
놀이 포인트	• 담요를 말 때 아동의 팔과 다리가 곧게 유지되어야 한다. • 담요를 풀 때 아동이 무서워할 수 있으므로 처음에는 천천히 담요를 풀고 익숙해지면 빠르게 푼다.
예시	

※ 본 내용은 서울대학교병원 소아정신과 ‘모아애착프로그램 매뉴얼’ 중 일부를 소개한 것입니다.

놀이 제목	다리치기
놀이 효과	놀이를 통해 엄마와의 자연스러운 눈 맞춤을 증진하고, 촉감각 발달을 촉진시킨다. 또한 신체 인지를 향상시킬 수 있다.
노래	 〈가사〉 옆집 개가 밥을 먹다 목에 걸려 캑!
놀이 방법	• 엄마의 집게손가락으로 아동의 허벅지 안쪽 여러 부분을 꾹꾹 지긋이 눌러 준다. • 마지막 '캑' 부분에서 엄마의 손으로 아동의 가슴과 배를 간지럽힌다.
놀이 포인트	• 간지럼을 많이 타는 아동은 힘들어할 수 있으므로 간지럼 태우는 수준을 아동에게 맞게 조절한다. • 눕기 어려운 아동은 앉아서 해도 좋다. • "손가락~"이라고 하며 엄마의 검지와 아동의 검지가 만나는 놀이도 할 수 있다.
예시	

※ 본 내용은 서울대학교병원 소아정신과 '모아애착프로그램 매뉴얼' 중 일부를 소개한 것입니다.

놀이 제목	깜빡과 빤짝
놀이 효과	놀이를 통해 전정기관의 감각을 자극하고, 엄마와 아동의 눈 맞춤을 증진한다.
노래	 〈가사〉 새 눈은 깜빡! ○○ 눈은 빤짝!
놀이 방법	• 엄마가 아동을 업고 무릎을 구부렸다 폈다 하면서 위아래로 반동을 준다. • 엄마가 아동을 업고 제자리에서 깡충 뛰면서 엄마는 아동의 얼굴 쪽으로 고개를 돌린다.
놀이 포인트	놀이를 응용하여 아동을 엄마의 허리춤에 가로로 잡고 할 수 있다.
예시	

※ 본 내용은 서울대학교병원 소아정신과 '모아애착프로그램 매뉴얼' 중 일부를 소개한 것입니다.

놀이 제목	노 젓기
놀이 효과	놀이를 통해 아동과의 눈 맞춤을 증진하고, 다른 사람과 손을 잡는 신체접촉을 통해 상호작용을 경험한다. 또한 아동이 놀이를 주도하여 자발성이 촉진된다.
노래	 〈가사〉 (1절) 마이클 노를 저어라 할렐루야 마이클 노를 저어라 할렐루야 (2절) 동그라미 안에 다 색칠하면 동그라미 달 되어 내 얼굴 되네
놀이 방법	• 노래 시작 전 마주 잡은 손을 좌우로 움직이며 신나게 흔든다. • 노래가 시작되면 엄마는 아동과 잡은 손을 당겼다 밀었다를 반복한다.
놀이 포인트	• 초반에는 엄마가 주도적으로 밀고 당기기를 한다. 점차 아동이 주도하도록 기다려 준다. • 놀이를 응용하여 고리를 마주 잡거나 친구와 손을 잡고 놀이를 할 수 있다.
예시	

※ 본 내용은 서울대학교병원 소아정신과 '모아애착프로그램 매뉴얼' 중 일부를 소개한 것입니다.

놀이 제목	땅꼬마
놀이 효과	• 놀이를 통해 전정기관의 감각을 자극한다. • 놀이를 통해 상황 예측능력을 증진한다.
노래	 〈가사〉 땅꼬마 올라간다 슉– 땅꼬마 내려간다 슉– 땅꼬마 올라가서 슉– 또 다시 내려온다
놀이 방법	• 엄마의 무릎을 살짝 살짝 반동을 주면서 위아래로 움직인다. • 엄마의 무릎을 구부리면서 올라간다는 가사에 맞춰 아동을 높이 올린다. • 엄마의 무릎을 내리면서 내려간다는 가사에 맞춰 아동을 바닥으로 내린다.
놀이 포인트	• 바닥으로 내릴 때 아동의 겨드랑이를 지지하면서 떨어지는 속도를 조절한다. • 무서워하는 아동은 위치 변화를 적게 준다.
예시	 

※ 본 내용은 서울대학교병원 소아정신과 '모아애착프로그램 매뉴얼' 중 일부를 소개한 것입니다.

놀이 제목	발등타기
놀이 효과	놀이를 통해 엄마와의 부드러운 움직임을 경험하여 촉감각 발달을 촉진한다.
노래	 〈가사〉 둘이 살짝 손잡고 왼쪽으로 돌아요 둘이 살짝 손잡고 오른쪽으로 돌아요
놀이 방법	• 엄마가 아동의 등을 잡고 왼쪽으로 45도 앞으로 한 걸음 나아간다. • 엄마가 아동의 등을 잡고 오른쪽으로 45도 앞으로 한 걸음 나아간다. • 엄마가 아동의 등을 잡고 왼쪽으로 한 바퀴 돈다.
놀이 포인트	• 엄마가 아동을 업거나 아동의 손을 잡은 자세로 놀이를 할 수 있다. • 놀이를 할 때 부드럽게 움직여 아동이 안정감과 행복감을 느끼게 해 준다. • 엄마가 아동의 보폭만큼 움직인다.
예시	

※ 본 내용은 서울대학교병원 소아정신과 '모아애착프로그램 매뉴얼' 중 일부를 소개한 것입니다.

놀이 제목	콩쥐팥쥐
놀이 효과	놀이를 통해 전정기관 감각을 자극한다.
노래	 〈가사〉 콩쥐 팥쥐 콩콩콩 콩쥐 팥팥팥 팥쥐
놀이 방법	• ‘콩’ ‘팥’에 엄마의 상체를 충분히 구부린다. • ‘쥐’에 엄마의 상체를 천천히 일으킨다. • ‘콩콩콩’ ‘팥팥팥’에 엄마가 아동을 업고 세 번 깡충 뛴다.
놀이 포인트	엄마가 상체를 구부릴 때 아동이 무서워할 수 있으므로 천천히 구부리고 천천히 일으킨다.
예시	

※ 본 내용은 서울대학교병원 소아정신과 ‘모아애착프로그램 매뉴얼’ 중 일부를 소개한 것입니다.

놀이 제목	소금반죽 놀이
놀이 효과	• 다양한 촉감을 경험하여 촉감각 발달을 증진시킨다. • 도구 놀이를 통하여 소근육 발달을 증진시킨다.
놀이 도구	굵은 소금과 밀가루를 1:2의 비율로 넣고 섞은 후 만든 반죽, 빵 칼, 모양 찍기 도구
놀이 방법	• 반죽 덩어리를 주고 엄마가 떼어 보거나 주무르며 탐색해 본다. • 아동이 만지기를 싫어하는 경우 엄마가 손가락으로 꾹꾹 눌러 본다. • 아동이 손가락으로 눌러 보도록 유도한다. • 반죽을 굴려서 길게 만든 후 빵 칼로 썰어 본다. • 흥미를 보이면 아동에게 칼을 주고 썰어 보게 한다. • 이 외에 다양한 찍기 도구로 반죽을 찍어 본다.
놀이 포인트	• 소금반죽을 만드는 과정을 아동이 관찰할 기회를 주는 것도 좋다. • 반죽을 가지고 놀기 좋을 정도로 탄력이 생기도록 반죽 후 30분 이상 냉장고에 넣어 두는 것도 좋다. • 소금은 가장 굵은 천일염을 사용해야 소금의 질감을 느낄 수 있다.
예시	 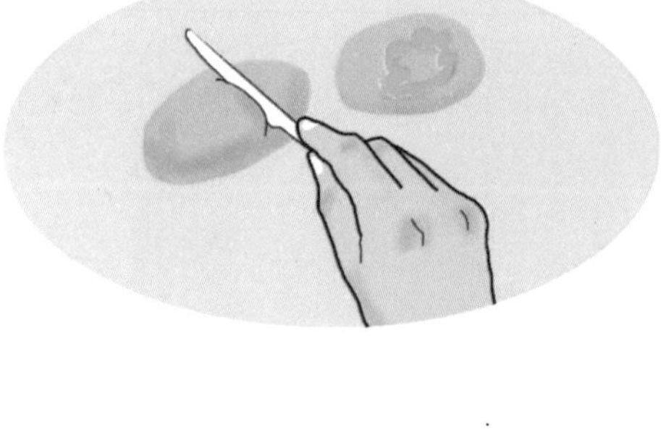

놀이 제목	스펀지 놀이
놀이 효과	• 다양한 촉감을 경험하여 촉감각 발달을 증진시킨다. • 소근육 발달을 도모한다.
놀이 도구	작은 스펀지, 물비누, 물, 쟁반
놀이 방법	• 스펀지를 손 안에 꽉 쥐어 숨겼다가 나타나는 것을 보여 주며 시선을 유도한다. • 스펀지 3개 정도를 쌓아 올리고 입김으로 불어 쓰러트리며 놀이한다. • 쟁반에 물을 부어 주고 스펀지에 물을 먹인 다음 짜기 놀이를 한다. • 물 스펀지를 갖고 놀게 한 다음 물비누를 넣어 준다. • 거품을 입으로 불기, 아이스크림 만들기 등 다양한 방법으로 놀이를 한다.
놀이 포인트	아동이 감각적으로 예민한 경우 엄마가 놀이하는 것을 충분히 관찰할 시간을 주고, 처음에는 살짝 만지게 한 다음 즉시 거품을 닦아 주고 다시 만지기를 반복하여 감각 거부를 단계적으로 줄인다.
예시	 

놀이 제목	수수깡 놀이
놀이 효과	• 소근육 발달을 증진시킨다. • 눈과 손의 협응력을 촉진한다. • 수수깡이 부러지는 시각적 · 청각적 자극을 경험한다. • 부러트리는 행위를 통하여 공격성을 긍정적으로 표현할 수 있다.
놀이 도구	수수깡, 투명한 페트병, 이쑤시개, 스티로폼, 쟁반
놀이 방법	• 양손으로 수수깡을 움켜쥐고 부러트린다(수수깡을 쥐어뜯지 않도록 양손으로 잡는 것을 도와준다). • 자유롭게 부러트리는 것이 잘되면 구령에 맞춰 부러트린다. • 작게 부러트린 수수깡 조각을 병에 넣어 본다. • 다 넣은 것을 흔들어서 빼 본다. • 수수깡 조각에 이쑤시개를 끼운다(아동이 이쑤시개 끼우는 것을 어려워한다면 도와준다). • 이쑤시개를 끼운 수수깡을 스티로폼에 꽂는다.
놀이 포인트	• 구령에 맞춰 부러트리지 못하는 경우 아동의 손 위에 어른 손을 올려놓고 힘을 주고 있다가 적절한 순간에 힘을 빼어 아동이 부러트리도록 이끈다. • 수수깡 조각을 먹지 않도록 한다.
예시	 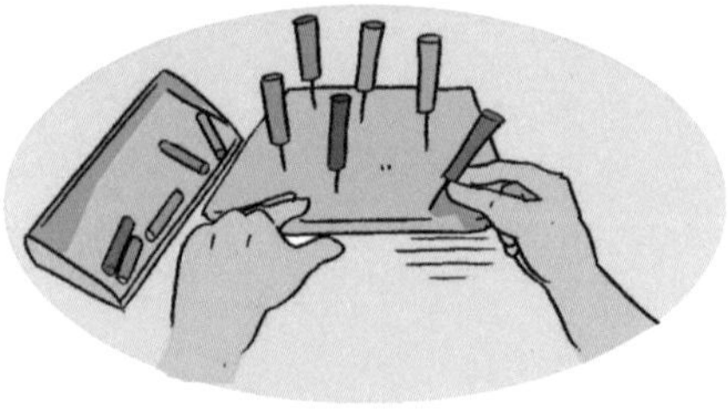

놀이 제목	빨대불기 놀이
놀이 효과	• 호흡 조절(날숨) 능력을 향상시킨다. • 촉감각 발달을 도모한다.
놀이 도구	빨대, 투명한 컵, 물, 우유, 쟁반
놀이 방법	• 엄마가 빨대로 아동이 볼 수 있는 신체 부위(손가락, 팔)에 바람을 불어 준다. • 아동의 등, 목, 귓불과 같이 스스로 볼 수 없는 곳에 바람을 불어 준다. • 우유에 빨대 바람을 불어 '뽀글뽀글' 거품을 만들어 본다. • 빨대로 불면서 우유의 상태 변화를 관찰해 본다. • 우유 거품을 만지고, 터트리고, "후~" 불어 보는 감각 자극을 경험한다.
놀이 포인트	• 아동이 빨대를 불 수 없다면 강요하지 말고, 먼저 엄마가 불어 준다. • 찬 우유를 불었을 때 거품이 잘 생긴다. • 침이 섞이면 거품이 생기지 않으므로 우유를 나누어서 사용한다.
예시	

아이고
어려워라!
엄마라면
이 정도는
기본이죠!
정말
대단해요!
좀 더 어릴 때 알고
올바르게 대처하면
많은 아이들이 정상
적인 일상을 누릴 수
있는데
이런 저런 이유로 검사를 미루거나
남의 눈이 무서워 머뭇거리면서 시간을
허비하는 경우가 많아요.
...
자폐?
아닐 거야,
그럴 리 없어!
역시 선구자
엄마!
엄지척
아니에요. 저도 처음엔
못했던 게 많아요.
...
어머,
시간이
벌써!
저
가 볼게요~
또 놀러와요~
수다도 스트레스
해소에 좋다우~
네네~
다음에 또
초대해 주세요.

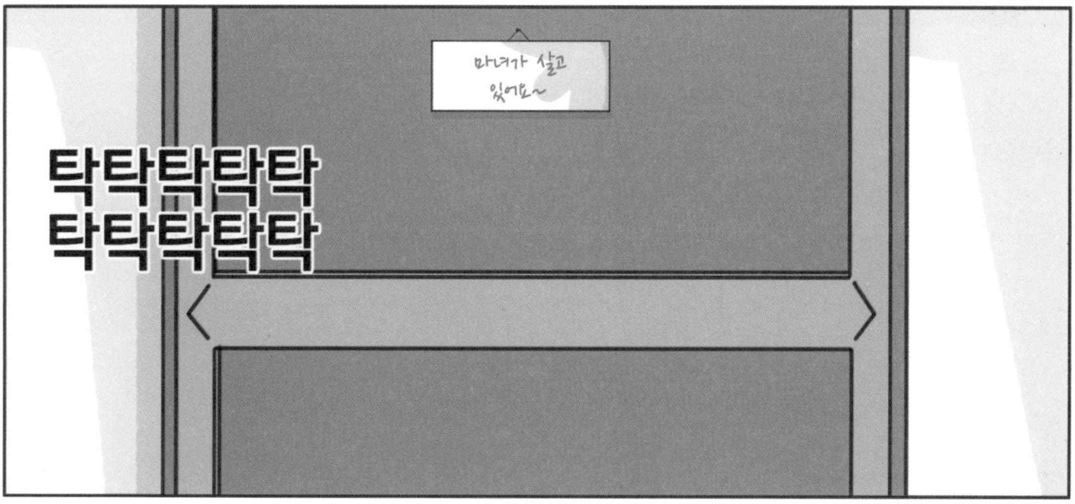

마녀가 살고
있어요~
탁탁탁탁탁
탁탁탁탁탁

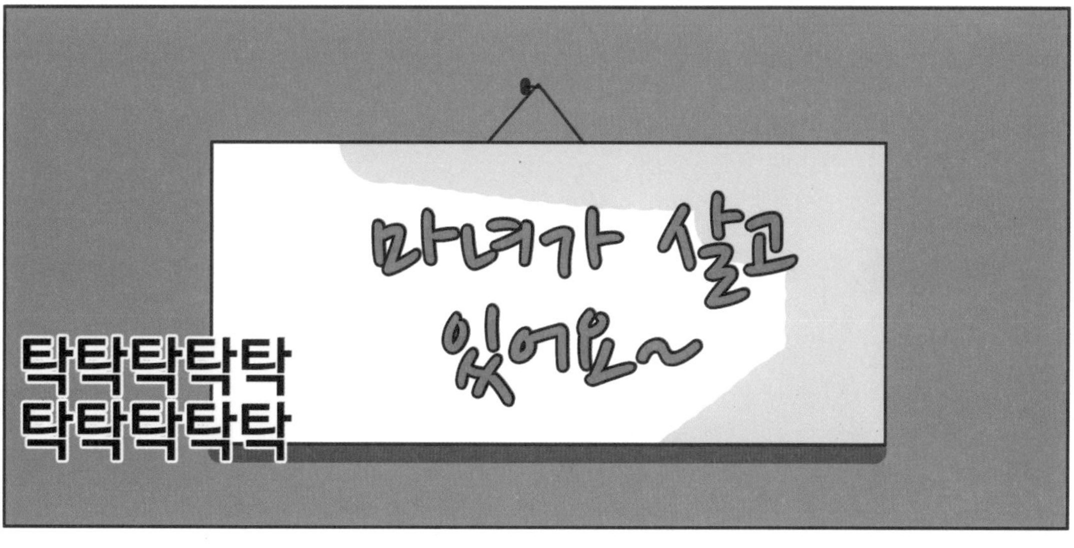

마녀가 살고
있어요~
탁탁탁탁탁
탁탁탁탁탁

...
탁탁탁탁
탁탁탁탁
똑똑~
들어가도 되니?
들어오셔~
탁탁탁탁
탁탁탁탁
마녀가 살고 있어요~
들어와.
응.
꾀죄죄
어? 안녕하세요? 두 분이 단짝 되셨네?
죄송.. 마감 중이라 몰골이...
현수 엄마가 너한테 부탁할 게 있대서.
얘기해~

저기, 지난 번에
소개해 주신다던
선생님 좀…
진료예약하시고
가면 되는데요?
다짜고짜 찾아
가기가 좀 뭐해서…
한 번만 같이
가주시면 안 될까요?
삐질~
죄송해요,
원고가 밀려
있어서요…
그래도… 처음이라…
걱정이…
노노노~
아이들 일이라면
만사 제쳐두고
상담해 주실
거니까 걱정 말고
가세요.
그래요?
그럼 기영 이모만
믿고 가볼게요.
네네,
걱정 말고
다녀오세요~
네~

마녀! 네 죄를 네가 알렷다!!
아흑~ 서두르겠사옵니다!!
쪼그려 뛰기 실시!!
실시!
후~ 원고마감만이 살길이로다~~~
마녀가 살고 있어요!
딸깍~
괜찮을까요?
...
확실하지 않은 얘긴 하지 않는 성격이니까 믿고 가 봐.
잠들면 안 돼...
붕~
빵빵~

...
소아정신과
교수: 000

소아정신과
교수: 000
똑똑~
네,
들어오세요~
안녕하세요?
어제 전화
드렸던...
아, 어서
오세요.
안녕?
네가 현수
로구나.

반가워~ 방가~ 방가~
...
...
슬금~ 슬금~
인사드려야지. 안녕하세요? 하고
안녕하세요 ...
그래 그래, 너도 안녕하지?
...
발그레
네!
하하~
현수, 씩씩한 아이구나~

작년까지만 해도 또래 아이들과 어울려 놀지를 못해서 일반학교에 보낼 수가 없었어요.
이번에 이사하면서 일반학교로 전학하게 되어서 의논도 드릴 겸 염치불구하고 바쁘신 줄 알면서도 찾아뵙게 되었어요.
교육청의 특수교육지원센터 통해서 절차를 밟고 계신 거죠?
네~
마침 새로 이사 간 집 근처 초등학교에서 특수학급을 운영하고 있어 그쪽으로 가게 될 것 같아요.
담당 선생님과 긴밀하게 소통해야 한다는 건 잘 아실 테고
학교적응이 말처럼 쉬운 일은 아니에요. 큰 용기를 내셨으니만큼 좋은 결과를 얻어야죠.

사실 너무 많이 걱정됩니다.
그동안 어머니가 애써주셔서 지금 정도면
무리 없이 아이들하고 어울릴 수 있게 방법만 잘 찾아주면 되겠어요.
아이에 관한 구체적이고 자세한 정보를 기록해서 담임 선생님께 드리도록 하세요.
동네에 또래 친구는 있나요?
선생님을 소개해 준 마녀님 조카랑 같은 나이예요. 기영이라고.
아, 기영이랑 친구네요~
현수야, 기영이가 친구야?
네, 기영이랑 저랑 친구예요.
좋겠다. 기영이같이 좋은 친구가 생겨서. 축하해!
잘됐네요.

어머니께서는 학교에서 생활하는
현수 얘기도 들을 수 있고

학교에서
현수가요...
그랬구나.

무엇보다 동네 친구가 있어 현수가
학교 아이들과 친해지는 데 도움이
되겠어요.

하하하하~

2년 전에 무턱대고 주변
사람 말만 듣고 대책도
없이 학교에 보냈다가

왕따 직전 상황까지 갔었는데 다행히
문제가 생기기 전에 발견해서,

얼른
들어가~

지금 다니는 특수학교로 전학을 했어요.

그런데 학교가 있는 동네에서
치료센터가 너무 멀었어요.

아이가 오가는 길에 너무 힘들어했죠.

밥도
못 먹고…
마침 센터장님께서 이쪽 학교에 특급학급이
신설돼서 현수를 받아줄 수 있을 것 같다고
하셔서 지난달에 이사하고
이사 이사
다음 주부터 일반학교로 통학하게
됐답니다.
괜찮겠다 싶어서
갑작스럽게 결정을
했는데 또 실수를
하는 건 아닌지…
애보다 제가
더 설레고
불안하고
그러네요.
음…
당연히
그러시겠죠.

어쨌든 새로운 환경에 적응하려면
보통의 아이들도 조금씩 혼란스러운
시간들이 있으니
모르는 애들도 많고, 학교 안 갈래!
호호, 자 얼른 밥먹자~
초조하게 반응하지 마시고
마음을 여유있게 가지는 게
중요합니다.
소아정신과
교수 OOO
또각~
또각~
상급학교로 진학할 때도
지금 같은 마음으로 아이의
상태를 잘 지켜보시면서
아이에게 가장 좋은 길을
열어 주시고요.

그동안 집에서 나름 이것저것 공부해가며 가르쳐보다가 학교도 보내고 센터도 이용하곤 하는데 그래도 부족하다는 생각이 들고 마음이 놓이질 않아요.
일반학교에 보내서 통합교육을 받을 정도면
어머니께서 그동안 얼마나 애쓰셨는지 짐작하고도 남아요.
이제부터는 또래 아이들과 놀이하고 관찰하면서,
언어, 인지, 사회적 소통능력까지 배워야 할 때니까 지금까지 보다 더 힘든 시간이 될 수도 있겠지만
하아~ 하아~
하아~ 하아~

현수가 학교에서 배워오는 것들을 반복해서
꾸준히 학습하게 해서 일반화할 수 있게 되면
잘했다.
그야말로 금상첨화
아니겠어요?
끄덕~
끄덕~
그동안엔 열심히 가르치는데 그게
실생활에 잘 나타나지 않았죠?
도자기를
가지고 놀면
위험해!
놀고
싶은데...
학교에 보내면 또래 아이들과 함께 하는 일들을
통해서 자연스럽게 반복된 습관이나 버릇들로
교육의 효과를 보게될 거니까 차분히 기다려
보세요.
헤헤~
도움 말씀
고맙습니다.
저도 맞춤형 교육을
꾸준히 받고 있습니다.
'혼공'이라고, 아시죠?
하하하~
호호호~

어디 보자! 현수야, 기영기가 너보다 더 키가 크니?
똑같아요!
현수처럼 기영이도 통통해?
네.
동급내기들 학급으로 보내시는 것이 좋아요.
학습속도가 쳐질까봐 동생들하고 같이 다니게끔 하시는 분들이 가끔 있는데 오히려 역반응이 나오는 경우가 많습니다.
왜 우리랑 공부해?
이상해!
아, 교육청 관계자도 그렇게 말씀해 주셨어요.
오히려 열등감만 더 생긴다고.
사람이 다 제각각이고 재능도 제각각인 것처럼 빠르고 느린 것과 무관하게 친구는 친구니까요.
진짜 그러네요.

매 순간 우리 아이가 많이 부족하다는
생각에 사로잡혀서
아싸!
농구의 신!!
헤헤~
아이에게서 오히려 기회를 빼앗을 때가
많았는데 선생님 말씀 들으니
안심이 돼요.
슛!!
현수야,
우린 그만
가자.
더 놀고
싶어...
다시 한 번
감사드립니다.
별말씀을요. 오늘은
병원에 오셨으니까
필요한 검사예약을
하세요.
학교적응에 필요한
주요 발달영역에 대해
자세히 알아보고
다음에 또 이야기하죠.
네~
무턱대고 이것저것 교육만
받는다고 좋아지는 건
아니니까요.
교육
교육만이
살길이다!
힘들어...
오도당동당~

자폐 스펙트럼은 워낙 광범위한 부분의 발달장애라서 검사 후에 필요한 부분을 집중적으로 치료해야만 효과를 볼 수 있어요. 사회성 치료는 기본이구요.
그럼요 그럼요. 그럼 저흰 이만 ...
네네~
안녕~ 다음에 또 만나자~
...
꾹~
띠리리리~
네, 붕쌤~
원고는?
방금 보냈습니다~;;
제발, 마감은 지키고 살자, 응?
네~
끝났...
철푸덕
쿨...
쿨...

좀 더 자세히 알아볼까요?

자폐 스펙트럼(ASD)
아동들을 위한 교육에서
갖추어야 할 요소들은
어떤 것이 있나요?

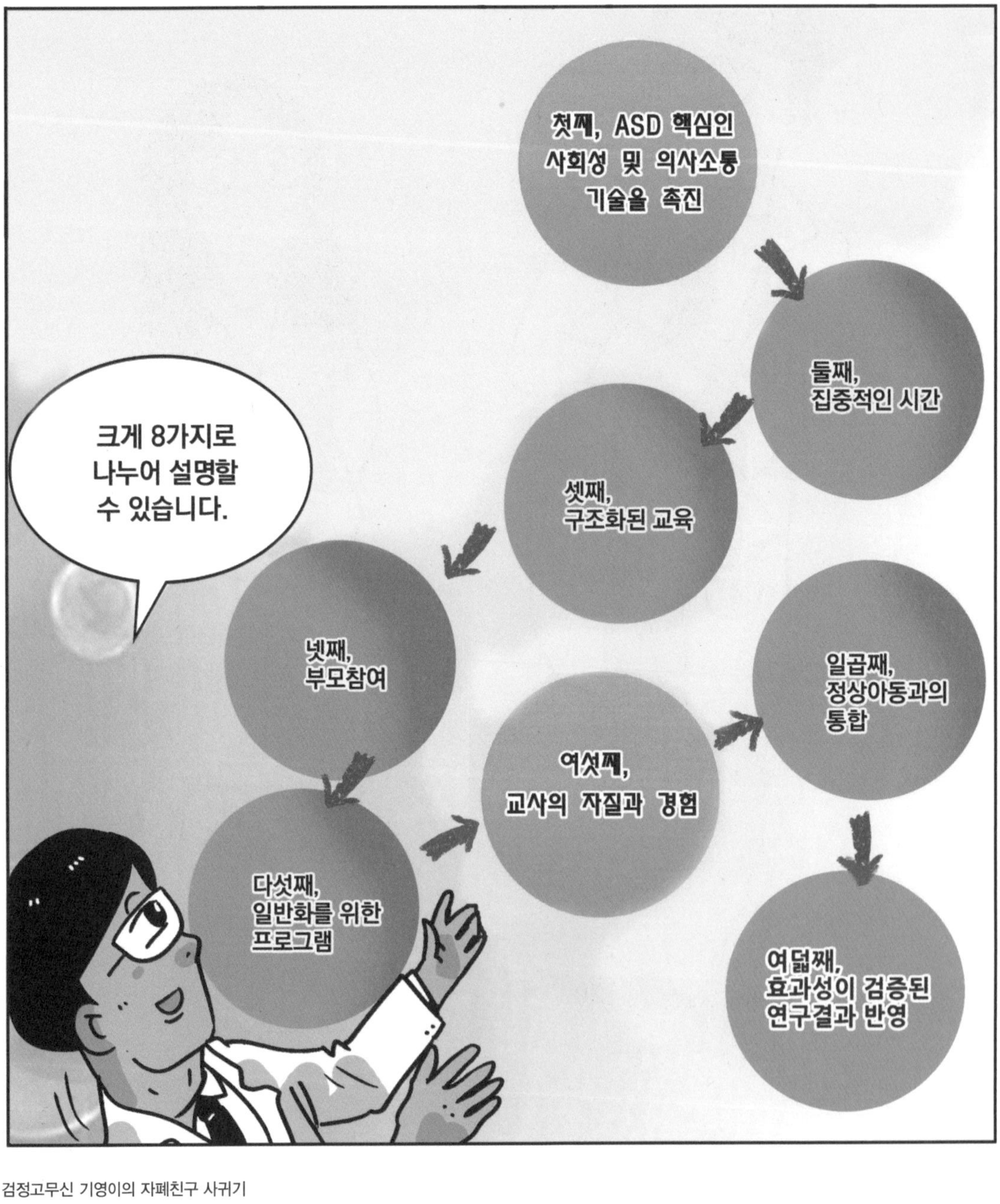
크게 8가지로
나누어 설명할
수 있습니다.
첫째, ASD 핵심인
사회성 및 의사소통
기술을 촉진
둘째,
집중적인 시간
셋째,
구조화된 교육
넷째,
부모참여
다섯째,
일반화를 위한
프로그램
여섯째,
교사의 자질과 경험
일곱째,
정상아동과의
통합
여덟째,
효과성이 검증된
연구결과 반영

유아기 장애아동 특수교육은 어떻게 이루어지고 있나요?
장애인 등에 대한 특수교육법에 따라 특수교육대상 유아의 유치원 과정 의무 교육이 실시되었습니다.
장애 유아 및 장애 위험이 있는 유아는 거주지역 특수교육지원센터에서 특수교육 대상자 여부에 대해 진단평가를 받은 후 의무교육대상 유아로 선정됩니다.
특수교육대상 유아로 선정되면 보호자는 유치원 과정에 유아를 취학시켜야 하는 의무를 지니게 되며,
친구들 만나러 가자~
특수교육 운영위원회에서는 보호자의 의견을 수렴하여 특수학교 유치부, 특수학급이 설치되어 있는 유치원 등에 유아를 배치합니다.
특수교육운영위원회

보호자가 보육시설 이용을 원할 경우 이 또한 의무교육으로 인정받을 수 있습니다.
학교에 가기 전 자폐 스펙트럼 장애 아동들을 위한 통합 교육기관은 무엇이 있나요?
학령기 전 자폐 스펙트럼 장애를 지닌 아동이 배치될 수 있는 통합 교육기관은 보육기관과 교육기관이 있습니다.
보육기관
교육기관
특수학급이 있는 유치원과 장애통합 어린이집입니다.
현재 통합 유치원의 경우, 국공립을 중심으로 특수학급이 설치되어 있으며 유아특수교육을 전공한 유아특수 교사가 있습니다.
여러분, 안녕~
특수교사 자격증
안녕하세요~

장애통합 어린이집에는
장애유아 3명당
한 명의 교사를
배치하고 있고
보육진흥원을 통해 교사교육을 받고 자격을 갖춘
통합교사가 배치되어 있어서 특수교사 역할을 하고
있습니다.
유치원의 경우 입학 절차는 특수교육
대상자로 진단 평가를 받은 후에 기관을
선택하여 교육을 받을 수 있습니다.
특수교육 대상자로서 적합한가에 대한 판단과
기관의뢰와 관련된 도움은 각 지역의
특수교육지원센터(support.knise.kr)에서 하고 있습니다.
특수교육지원센터
장애통합 어린이집의 경우 중앙
육아종합지원센터(http://central.
childcare.go.kr/ccef/main.jsp)
를 통해
지역사회 내 장애 통합 어린이집을
알아본 뒤 대기한 후 입학할 수
있습니다.

통합교육과
분리교육의
차이점을 알고
싶습니다.
아래 표를
참고하세요.

교육기관	
유치원 특수학급(통합)	특수학교 유치부(분리)
• 특수교육대상자의 통합교육 실시를 위해 일반 유치원에 설치된 학급 • 장애 아동이 1~4인 이하인 경우 1개 학급, 4인 이상인 경우 2개 학급ㅁ 설치 • 특수교사 담당	•「장애인 등에 대한 특수교육법」 제2조에 따라 교육기관이라 함은 특수교육대상자에게 유치원 과정을 교육하는 국립, 공립 및 사립학교 • 특수교육대상자의 교육을 위해 일반학교와 분리된 형태로 설립된 학교 • 특수교사 담당
보육기관	
장애아통합 어린이집(통합)	**장애아 전문 어린이집(분리)**
• 정원의 20% 내에서 장애아동일반을 편성·운영하거나 장애아동일반을 별도로 편성하지 않은 채 미취학장애아를 3명 이상 통합하여 보육하고 있는 어린이집 • 장애 아동 3명에 특수교사 1인 배치 • 특수교육을 수료한 통합교사 배치	•「장애아동복지지원법」 제32조에 따라 요건을 갖추고, 상시 12명 이상의 장애아(단, 미취학장애아 9명 이상 포함)를 분리하여 보육하는 어린이집 • 장애 아동 3명에 교사 1인 배치 • 교사 3인 중 1명은 반드시 특수교육자격소지사로 특수교사 배치

출처: 국립특수교육원(2009), 보건복지부(2014).

특수학교	일반학교
• 특수교육대상자를 위한 교육과정에 입각한 교수 및 교수방법 • 장애 학생에게 주체적인 활동의 기회 제공	• 통합학급에서 또래 학생들과 함께 수업할 수 있는 환경 • 사회적 의사소통 능력 향상을 위한 자연스러운 기회 제공

특수학교와
일반학교는
저런 차이가
…

TIP 장애 등록 절차

1) 등록 신청

장애인 등록을 하고자 하는 사람은 주소지 관할 주민센터에 신분증과 사진 3매를 지참하여 장애등록신청서에 의하여 신청합니다(장애인 등록은 본인이 하는 것을 정식으로 하되, 다만 18세 미만의 아동, 중증 장애인 등 본인이 등록 신청을 하기 어려운 경우 보호자가 신청을 대행할 수 있습니다. 단, 보호자가 대행하여 신청할 경우 보호자는 담당공무원이 장애인 등록 신청자의 장애상태를 확인할 수 있도록 병입원 내역을 제시하여야 합니다).

2) 장애진단의뢰서 발급 및 장애진단

읍 · 면 · 주민센터에서는 장애진단의뢰서를 발급하여 신청자에게 교부하고, 신청자는 의료기관의 전문의사로부터 장애진단 및 검사를 통해 장애진단서를 발급받아 주소지 관할 읍 · 면 · 주민센터에 제출하여 장애인 등록을 합니다.

3) 장애진단 결과에 대한 확인 후 장애인등록증의 발급

검진 의료기관에 장애진단 결과를 확인한 후 장애인등록증을 발급받습니다.

4) 장애진단비용

본인부담이 원칙이나 기초생활수급대상자로서 신규 등록 장애인인 경우 장애진단비용을 지원기준비용에서 지원받으실 수 있습니다.
(장애인 본인 부담금은 의료보호나 보험으로 처리되지 않습니다.)

* 기준비용: 정신지체 및 발달장애(4만 원), 기타 장애(1만 5천 원)

장애인 동록 절차(선형 도표)

1.	장애인 또는 보호자	등록신청: 반명함 사진 3매 준비
2.	읍 · 면 · 동사무소	장애진단의뢰
3.	장애검진 의료기관	장애진단
4.	장애검진 의료기관	장애진단 결과 통보
5.	읍 · 면 · 동사무소	장애인 등록 카드 발급
6.	장애인 또는 보호자	장애인 등록카드 수령/장애인 등록 완료

장애인 등록
절차도 꼼꼼히!

출처: 서울시교육청 특수교육지원센터(http://sedu.go.kr).

자폐 스펙트럼(ASD) 장애 관련 정책이나 지원과 관련된 기관이나 단체의 정보도 꼼꼼히 찾아보세요. 도움이 될 거예요.
네. 그럴게요.
우리 현수...
쓰담~
쓰담~
예쁜 우리 현수...

나약했던 엄마를 용서하렴...
엄마는 강해질거야. 너를 위해서...
약속할게...
새근~
새근~

자폐 스펙트럼 장애(ASD) 관련 기관 및 단체

연번	구분	기관명	기관 소개	홈페이지 주소	전화번호
1	보건 복지	보건복지부	• 복지 관련 정책, 서비스 소개 및 안내 • 장애 등록 절차 안내	mohw.go.kr	보건복지콜센터 129
2	교육	교육부	• 교육 관련 주요 정책 소개 • 자녀교육 및 학교소개 정보 제공	moe.go.kr	02) 6222-6060
3	복지	사회서비스 전자바우처	• 바우처 사업안내 및 지역별 제공기관 검색 • 장애 아동 재활치료, 장애인활동보조 서비스 소개	socialservice.or.kr	1566-0133
4	복지	건강 가정지원 센터	• 가족문제예방 및 해결프로그램 안내 • 아이돌보미사업 안내 • 장애아동양육지원사업 안내	familynet.or.kr	1577-9337
5	의료	지역별 정신건강 증진센터	• 정신건강 및 장애 관련 정보 제공 • 온라인 검사시스템 운영		
6	보육	중앙육아 종합지원센터	• 보육정보 및 교육프로그램 안내 • 전국의 보육정보센터 및 보육시설 검색 가능	central.childcare.go.kr	02) 701-0431
7	특수 교육	특수교육 지원센터	• 장애 학생 교육정보 제공 • 특수교육지원센터 연계 • 전국 장애인복지관, 영유아 검진기관 검색	support.knise.kr	
8	특수 교육	국립특수 교육원	• 특수교육기관 교육 및 관련기관 검색 • 장애 이해 및 법률	knise.kr	041) 537-1500 031) 400-8300
9	웹 정보망	아이소리	• 부모, 치료, 법률 및 장애 정보 제공 • 온라인 검사 및 상담실 운영	isori.net	070) 8630-9623
10	자조 모임	기쁨터	• 발달장애인 가족 자조모임	joyplace.org	
11	자조 모임	발달장애 정보나눔터	• 발달장애인 가족 자조 모임	cafe.daum.net/jape1234	
12	사단 법인	한국자폐인사랑협회	• 자폐성 장애 관련 정보 및 프로그램 • 전문가지원 온라인 상담실 운영	autismkorea.kr	02) 445-5444, 5447
13	사단 법인	한국장애인 복지관협회	• 지역사회 복지관 현황 및 복지정보 제공	hinet.or.kr	02) 3481-1291~4
14	사단 법인	한국아동 발달심리센터	• 발달 관련 정보 제공 • 각종 치료 관련 정보 수록	kidsbaldal.co.kr	02) 3143-7769

오늘은 자폐 스펙트럼 가족 대상 교육의 날.
죄송하지만 부모님과 자녀를 분반하겠습니다.
자~ 아이들은 이쪽입니다.
부모님은 이쪽 이십니다~ 자리에 앉아 주세요.
저쪽 교실에 친구들이 많아.
들어와, 얘들아~

기영아~현수야~ 이번엔 귀여운 동생이네? 잘 부탁합니다~
헤헤~
잘 부탁합니다~
쭈뼛~
잘 부탁해, 언니~
걱정마세요, 마녀님~ 호호~
찡긋~
만나서 반갑습니다.
안녕하세요?
오늘은 그동안 부모님들이 겪었을 어려움과 두려움을 조금이나마 덜어드리기 위해 마련된 시간입니다.
궁금한 점이 있으면 편안하게 물어봐 주세요.

번쩍~
네~
자폐 스펙트럼의 의학적 평가는 어떤 것이 있으며 왜 필요한가요?
의학적평가 부분은 부모님들이 어려워하시는 부분인 것 같습니다.
모든 ASD아동들에게 의학적/신경학적 검사를 할 필요는 없습니다. 의학적 검사는 기질적병인이 의심되는 경우에 진행하게 되는데
머리 둘레 및 변화 양상, 얼굴, 사지의 특이한 형태, 신경학적 피부이상, 걸음걸이, 근육긴장상태, 반사반응, 뇌신경기능 등을 비롯해서

청력기능에 대한 검사가 시행될 수 있습니다.
징~~
대부분은 소리를 듣는다는 것을 판단할 수 있지만 정확한 청력이상은 주관적인 판단보다
제가 봤을 때는...
정확한 청력검사를 통해 객관적으로 진단을 할 필요도 있어요.
유전자 검사는 꼭 필요한가요?
아닙니다.
지적장애의 가족력이 있거나 특이한 신체적 소견이 보일 때는
취약X증후군에 대한 검사를 포함한 유전자 관련 평가가 있어야 하고
Normal X
Fragile X
fragile site

특이한 얼굴과 같이
유전학적 이상이
의심될 때만 이에 대한
철저한 평가가
필요합니다.

경련 증상을 가진 ASD아동의 8~14%가
결절성 경화증이라는 질환을 가지고
있는데

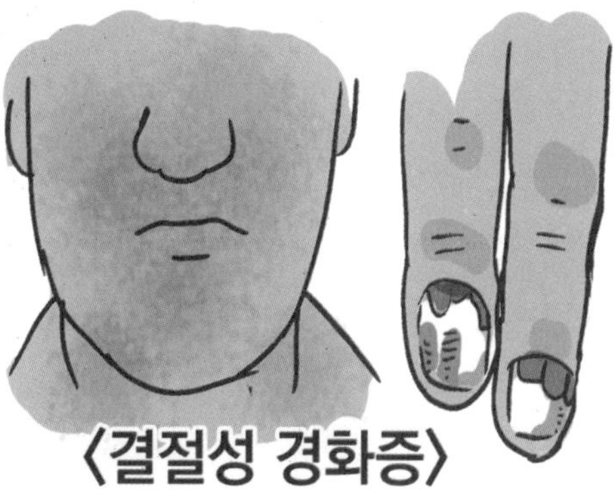
〈결절성 경화증〉

유전 질환에
관한 설명은
나중에 자세히
드리도록 하죠.

아미노산,탄수화물, 퓨린,
펩타이드, 사립체 대사의
선천성 대사이상검사 등은

의심이 되는 경우만 시행하면 됩니다.

뇌파검사도
꼭 필요합니까?

확실히 필요하다 아니다
결론을 낼 단계는 아니지만
뇌전증이 의심되는 경우에
시행을 권유하게 되는데

영아나 소아에게는 성인처럼 뚜렷한
증상이 없어 진단이 어렵죠.

하지만 뚜렷하지 않은 역치하 경련의 과거력이 있거나 발달상의 퇴행이 있을 경우에는 반드시 뇌파검사와 신경학적 자문이 필요합니다.

피검사 같은
간단한 방법으로
자폐를 진단할
수는 없나요?

안타깝게도 아직까지 ASD를
진단할 수 있는 혈액진단검사법을
찾지는 못했습니다.

유전자로 ASD를 진단하는 검사가 계속 연구되어 오고 있으나 아직 실용단계에 이르지는 못했고, 실제 임상에 적용되기 위해서는 추가적으로 많은 연구가 필요합니다.
아...
저...
말씀하세요.
저희 아이는 어려서부터 간질이 심했어요.
뇌전증, 요즘은 그렇게 부릅니다.
아, 네... 뇌전증...
준비한다 준비한다 하면서도 막상 닥치면 정신이 하나도 없고...
약물치료도 하고 있는데 점점 더 심해지는 것 같아서 어찌해야 할지 모르겠어요.
으으으~

자폐아동의 뇌전증 발병은 6명 중에 1명 꼴로 생기는 문제입니다.
대부분의 경우 학령기 이후에 발병하는데,
부들~ 부들~
단순한 발병을 넘어 인지기능이나 언어기능도 떨어지기 때문에 적극적인 관리와 약물치료가 필요합니다.
이거… 이름이…
약물치료를 병행하는 경우 대부분 증세가 호전되니 큰 걱정을 할 필요는 없지만
아, 해~
아~
간혹 청소년기에 충동증상이 나타나기도 합니다.
아, 또!!
부들~
부들~
그럼, 실제 어떤 모습을 보고 뇌전증을 의심할 수 있는지 예를 들어 드리겠습니다.
삐비~

기억이 사라지거나 혼란스러워하는 일정 기간이 있는 경우
아…
가끔 극심한 피로를 호소하고 이어서 기절하기도 하며, 소변 혹은 대변을 지리는 경우
너무 피곤해…
아동이 한 곳만을 응시하면서 질문이나 지시에 아무 반응이 없는 경우
멍…
특별한 원인 없이 갑자기 기절하는 경우
털썩~
부적절하게 눈을 깜빡거리거나 반복적으로 껌을 씹는 듯한 행동을 보이는 경우
깜빡~
깜빡~
쩝! 쩝!
고열과는 상관없이 발생한 발작이 있는 경우
열은 없는데…
36.5
아이가 발작을 하면 반드시 응급실로 가야 하나요?

아니요. 특별한 합병증이 없는 뇌전증발작은 응급 상황은 아니라서
발작이 끝날 때까지 안전하게 보호하며 기다리면 곧 진정되고, 휴식 후에 정상적인 활동을 합니다.
그런데 주의해야 할 점은 발작이 뇌전증이 아닌 다른 의학적 상태에 의한 발작일 수 있다는 건데요,
저혈당이나 열사병 또는 뇌수막염
같은 대뇌감염들일 수 있고 만약 그런 상태로 의심되면 즉시 응급실을 방문해야 겠죠.
확실하게 뇌전증의 병력을 가지고 있거나 발작시간이 5분 내거나 바로 의식이 돌아오고
으으으으~
119를 부르자!!
두부 손상이나 신체적 이상이 보이지 않을 때는 구급차를 부르지 않아도 되고요.
잠깐만요, 깼어요.

위 경우에 반대되는 상황이면 반드시 구급 차를 불러야 합니다.
삐뽀~
삐뽀~
+119
특별히 조심해야 할 때는 물속에서, 비행기 에서, 버스에서 처럼 아이가 다칠 수 있는 환경에 노출되었을 때인데
일단 당황하지 않는 것이 중요하며 어디든 아이를 편안히 눕힐 수 있는 공간을 찾고
아이를 눕히는데 기도를 유지하고 숨을 쉬는데 불편함이 없도록 하는 자세와 각도 를 잡아주는 것이 가장 중요합니다.
준비해 둔 자료를 나눠드리세요.
넵!!
오늘 제가 하지 못한 말들까지 전부 쉽게 풀어서 만든 부모 지침서입니다.

여러분들이 겪는 여러 가지 상황들에 적합하게 대처하길 바라는 마음에서 만든 거니까 도움이 되실 겁니다.

그럼 가시기 전에 질문 몇 개만 더 받을까요?
눈 맞춤을 하지 못하는데 시력 때문 아닐까요?

대부분 자폐아동은 시력에 문제가 없습니다.

만약 시각장애가 있으면, 안과에서의 전문적인 검사와 진료가 먼저겠죠.

이름을 불렀을 때 반응하지 않는 건 귀에 문제가 있는 건가요?

최근 연구들에 의하면 눈 맞춤의 이상, 이름을 부를 때 쳐다보기, 협동 주시, 가장 놀이, 모방, 비언어적 의사소통, 공감능력, 언어 발달 등은 18개월이 되면 측정이 가능한데,
엄마 봐봐~

이러한 기능을 획득하지 못하는 것이 자폐아동의 특성입니다.
아까도 말씀드렸지만 이런 신체적인 반응들의 이상 징후와 자폐가 맞물리면 진단이 어렵고 늦어지는 경우가 많습니다.
이때는 전반적인 인지기능에 비추어 사회적 상호작용과 의사소통의 양상이 어떠한지를 보고 판단하는 것이 도움이 될 수 있겠죠.
밤에 잠을 안 자고 가족들을 괴롭혀요.
어떻게 해야 하나요?
원칙적으로 잠자리에는 텔레비전, 컴퓨터, 휴대전화 등 전자기기를 두지 않도록 하세요.
낮잠을 자는 아동이라면 규칙적인 낮잠을 자도록 유도하고,

오후 늦은 시간의 낮잠으로 인해 밤에 잠드는 것이 방해받지 않도록 하루 일과를 짜야하고요.
일과표
이런 노력에도 불구하고 아동의 수면 문제로 인해 아동 및 가족의 기능에 심각한 악영향이 있을 경우
약물치료를 고려하게 되는데 전문의와의 상의가 반드시 필요한 부분입니다.
한 가지 음식만 먹으려 할 때는 어떡하나요?
편식이나 거식이 원인이 되어 설사, 복통, 소화불량, 위식도 역류 등이 보고되는 경우가 있는데요,
의학적으로 치료가 가능한 부분이니 아동을 향한 지속적인 관심만 유지해준다면 별 문제 없이 이겨낼 수 있는 부분입니다.

자폐는 유전인가요?
보통 이런 말들을 많이 하시죠?
우리 집에 자폐인 사람이 한 명도 없었는데 어떻게 우리 아이의 자폐 증상이 유전인가요?
대답은 이렇게 드릴 수 있겠습니다.
한 가족 안에서도 개개인의 특징을 구분 짓는 유전자는 해당세대에 처음 나타나는 경우가 많습니다.
어떤 유전자가 있다 해서 그것이 반드시 똑같이 다음 세대에 나타나는 것은 아닙니다.
아들아~
네, 아빠
특별히 관심을 가져야 하는 단일유전자증후군에 관해서는

나눠드린 책에
보다 상세한
설명이 들어
있으니 참고로
살펴보세요.
박사님, 힘드실 텐데
잠시 쉬는 시간을...
그럴까요?
하느라고 했는데
도움들이 되셨는지
모르겠어요.
겸손의 말씀이세요.
박사님 같은 분이 계셔서
저희에게 큰 위로가 됩니다.
맞아!
맞아!
아이들 방에
잠시 다녀
올게요.
네~
뿌우웅~하고
며느리가 참았던
방귀를 뀌었어요.
으헤헤헤헤~
웃기다!!

...
그러자 집이
날아갔어요~
으하하하~
헉! 급해!
엄마, 화장실~
현수 엄마,
화장실
어디야?
기영아!
아줌마
따라와~
스윽~
네에...
홱~
돌려줘!
기영이꺼야!
돌려줘!
기영이꺼야아~
기영이꺼야아!!
부르르

홱!!
메롱!!
!!!
기영이꺼야!!
기영이꺼야!!
기영이꺼야!!
퍽~
퍽~
이..
이게!
에고머니~
얘들아, 싸우면
안 되지~
!!!
기영이꺼야~
기영이꺼야~
현수야,
그러지 마!
까불지 마!
기영이꺼야!
!!!
내 책 줘.
어...
알았어...

기영이꺼야~
기영이꺼야~
현수야, 내 책
찾았어.
찾았어?
응, 친구가 돌려줬어.
뺏으려고 한 거
아니고 장난친 거래.
내 말이
맞지?
어...어
...맞아.
현수를 놀라게 하면
안 돼. 현수는 다른
친구들보다 예민하다고.
진짜 많이 놀라면
기절할 수도 있어.
친구를 기절시키고 싶지는
않겠지?
못됐어~
못됐어~
아,
그런 거
싫어~
그럼 앞으로
특별히 조심해 줘.
친구로서 부탁해.
응, 알았어.
미안해~
괜찮아, 괜찮아.
기영이 괜찮으면
현수도 괜찮아.

자, 그럼 다시 책 도사 기영 님의 얘기를 들어 보실까?
와~ 얘기해 줘~~ 기영이 얘기 잘해~~
자~ 자~ 모두 모여!
그럴까...?
옛날 옛날엔 개와 고양이는 친하게 지냈어요~
하하하하~
글썽...
고맙기도 해라... 우리 현수가 정말 좋은 친구를 만난 것 같아요.
찡긋~
아이들은 싸우면서 크는 거라우.

좀 더 자세히 알아볼까요?
엄마니까 알아야 해요.
친구니까 알아야 해요.

뇌전증 발작의 유형과 증상, 처치

유형	발작 증상	발작 후 증상	응급처치
결신발작 (소발작)	• 우두커니 응시 • 의식 소멸 • 행동정지 • 떨리는 눈꺼풀 • 갑작스런 시작과 종료 • 보통 2~15초간 지속	• 발작을 기억 못함 • 신속히 활동 재개	• 환자가 놓쳤을 수도 있는 정보를 제공
강직간대 발작 (대발작)	• 갑작스런 의식 소멸 • 쓰러짐 • 몸의 경직 • 몸 떨기-전신에 영향 • 약한 호흡, 침 흘림 • 창백하거나 푸른빛의 피부 • 보통 3분 이내에 종료	• 발작을 기억 못함 • 정신 혼란 • 두통 • 피로	• 머리부상 방지 • 주변 물건 치우기 • 움직임을 막지 않음 • 입 안의 이물질 제거 (질식 혹은 치아손상 우려) • 의식이 회복된 후 친근하게 안심시키기 • 발작이 5분 이상 지속되거나 부상이 있는 경우 구급차 요청
실조성 발작	• 갑작스런 의식 소멸 • 갑작스럽게 근육에 힘이 빠짐(머리를 떨구고 쓰러짐)	• 발작을 기억 못함 • 보통 1분 내 빠른 회복	• 부상이 걱정된다면 구급차 요청
근간대성 발작	• 기억의 소멸 없음 • 빠르고 짧은 근육 수축	• 신속히 활동 재개	• 안심시키기
단순 부분 발작	• 의식 소멸 없음 • 감각 증상 발생 • 심리적 증상 발생 • 근육 움직임의 변화(경련-씰룩거림) • 보통 10초~2분간 지속	• 잠깐 감각이 약해지거나 사라짐 • 강직간대 발작이나 복합 부분 발작으로 진행 가능	• 안심시키면서 도움을 제공
복합 부분 발작	• 의식 장애 • 종종 우두커니 쳐다보기 • 손 비틀기, 입술 때리기, 의미 없는 말의 반복, 목적 없는 행동 • 어설픈 움직임, 방향감각 상실 • 보통 1~3분간 지속	• 발작을 기억 못함 • 정신 혼란 • 피로 • 강직간대 발작으로 진행 가능	• 환아를 안전한 곳으로 부드럽게 인도하기 • 의식 회복까지 지켜보기 • 행동을 강하게 막지 않기 • 가족, 친구 등에게 연락 • 의식이 완전히 회복되지 않으면 구급차를 요청

뇌전증 치료를 위해 꼭 약을 먹어야 하나요?
뇌전증은 약을 먹고 며칠만에 완치가 되는 감기 같은 질병이 아닙니다.
하지만 치료를 받는다면 완벽하게 혹은 현저하게 질병을 조절할 수 있습니다.
이러한 조절은 매일, 규칙적으로 복용하는 항경련제로 가능하게 됩니다.
적절한 항경련제를 선택하기 위해서는 뇌전증의 형태 외에도 환자의 나이, 동반된 질환, 다른 항경련제와의 약물상호작용, 복용중인 다른 약물과의 약물작용 등의 요인을 잘 고려해야 합니다.
특히 모든 항견련제는 부작용이 있을 수 있으므로 이에 대한 예비지식을 숙지하고 있어야 하며
부작용 또는 과민반응이 발생하면 바로 주치의에게 진료를 받아야 합니다.

만약 어떤 이유로 예정대로 항경련제를 복용하지 못했다면, 발작의 위험성은 높아지고 다음과 같은 상황이 발생할 수 있습니다.

- 뇌전증 발작이 발생하면서 아동이 바닥에 쓰러질 수 있고, 이때 바닥에 머리를 부딪친다면 더 큰 의학적 문제가 발생할 수 있습니다.
- 뇌전증지속상태(status epilepticus)은 뇌전증 발작이 반복해서 이어지는 경우를 말합니다. 적절한 의학적 처치가 행해지지 않는다면 아동은 혼수상태까지 갈 수 있으며, 목숨이 위험할 수도 있습니다.
- 복합 부분 발작을 보이는 환아는 자동행동 중 하나로 자해나 다른 사람을 해치를 할 있을 수 있습니다. 이는 무의식 상태에서 발생하기 때문에 아동 본인과 주변 사람들을 보호하기 위해서는 일정 시간 동안 신체적 강박을 적용하는 것이 필요할 수 있습니다.

특별하게 관심을 가져야 하는 유전질환에는 어떤 것들이 있나요?
결정성경화증, 취약 X증후군, 다운증후군 등이 있는데요,

결정성경화증은 몸 구석구석 양성 종양, 즉 과오종이 자라나는 유전성 질환으로 아직 특별한 치료 방법이 없는 난치성 질환입니다.

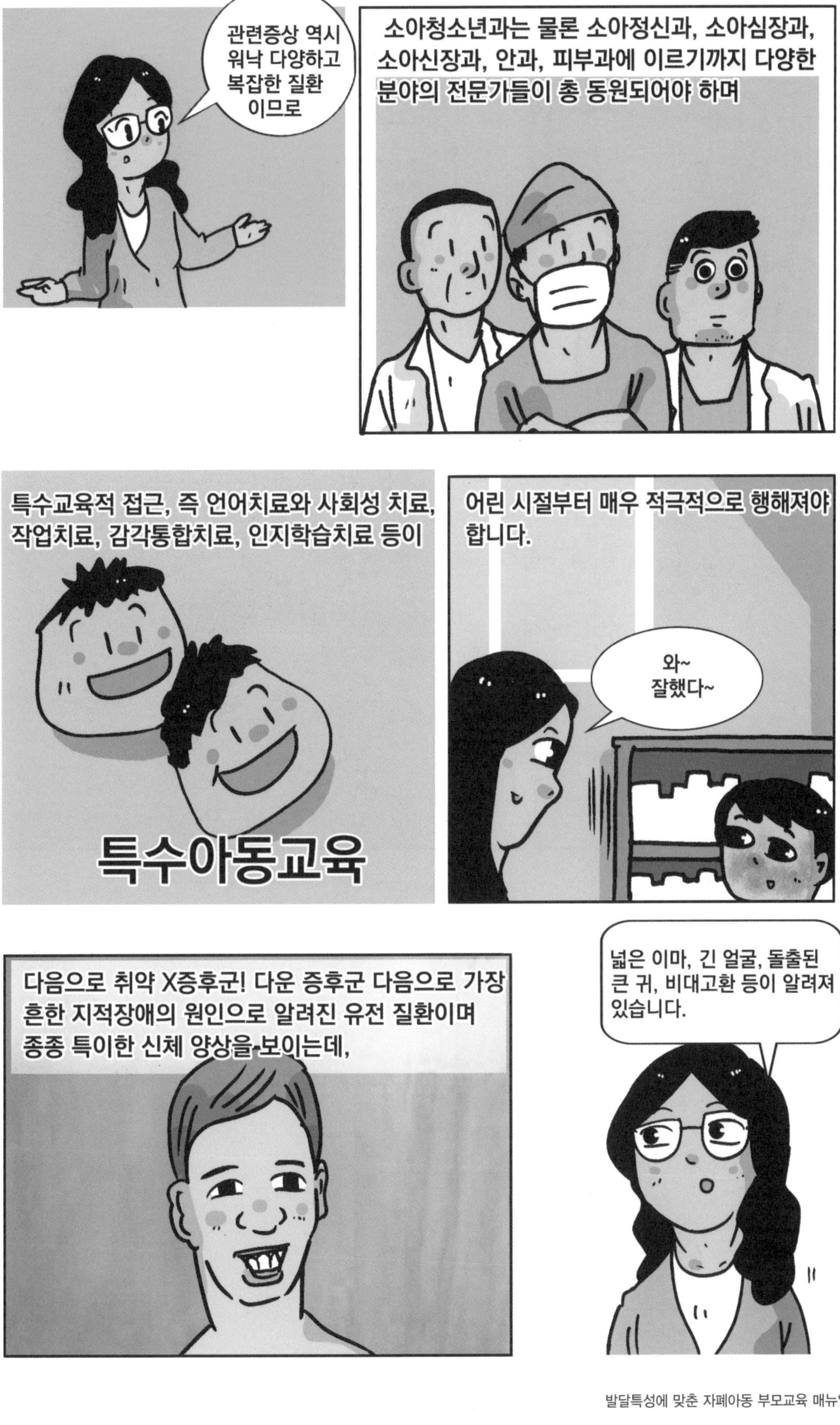
관련증상 역시 워낙 다양하고 복잡한 질환 이므로
소아청소년과는 물론 소아정신과, 소아심장과, 소아신장과, 안과, 피부과에 이르기까지 다양한 분야의 전문가들이 총 동원되어야 하며
특수교육적 접근, 즉 언어치료와 사회성 치료, 작업치료, 감각통합치료, 인지학습치료 등이
특수아동교육
어린 시절부터 매우 적극적으로 행해져야 합니다.
와~ 잘했다~
다음으로 취약 X증후군! 다운 증후군 다음으로 가장 흔한 지적장애의 원인으로 알려진 유전 질환이며 종종 특이한 신체 양상을 보이는데,
넓은 이마, 긴 얼굴, 돌출된 큰 귀, 비대고환 등이 알려져 있습니다.

그 외에도 콧등이 두꺼워지거나, 홍채가 푸른색을 띠거나 치아가 밀집되어 있는 모습을 보입니다.
그러나 위와 같은 신체 양상은 특징적이지 않으므로 이를 전적으로 신뢰할 수는 없다는 것!
얼굴 긴 게 정말 비슷해~
누구랑?
의학
마지막으로 다운증후군은 상염색체 이상을 가진 질환 중 가장 흔하게 보이는 질환으로 유병률은 약 750명 중의 1명 정도입니다.
슈퍼
다운증후군은 정상 염색체 외에 21번의 염색체가 여분의 염색체 1개를 더 가지게 되어 발생하는데
이러한 염색체 이상으로 인해서 특징적인 얼굴과 신체 구조가 나타나게 되며 지능장애를 가지게 됩니다.

다운증후군의 증상은 매우 다양하고 사람마다 각기 다르며, 경한 정도부터 심한 정도까지 나타 날 수 있고 가장 흔한 이상은 특징적인 얼굴과 손과 발 모양, 근육 긴장도의 저하, 시력과 청력의 이상, 심장 이상 등이 있습니다.

자, 오늘 수업은 여기까지 하겠 습니다. 고맙습니다.
감사합니다~
짝짝짝짝~
얘들아, 이제 가자~

아, 아빠 목소리다!
끝났나 봐~
기영아, 현수야! 반가웠어, 또 보자~
…
어, 잘가~
나도 반가웠어…

뭐 해요?
옥수수 좀 갖고
왔는데...
어서 와요,
현수 엄마!
흐음~
구수한 냄새...
킁킁~
어머, 저거 봐!
자폐아들에게
좋은 비타민
이래!
엥?
어디 어디?
집중
흠... 일단 해보면
결과가...
전문가의
의견인가요?
헉! 전문가라니요...
교육계를 떠난 지가
어언... 호호호~
쌤, 사인해
주세염~
쌤,
사랑해요~
방송에 나왔는데
설마 거짓말
이겠어?
나름 인기
있었지..

불안하면
물어보죠 뭐.
아, 쌤!
저예요.
어인
일인고?
방금 방송에서
현수에게 딱 맞는
비타민제 광고가
나왔지 말입니다.
어허~ 어리석은
중생들이 사고치기
직전이로고!
아,
그렇군요.
안 된대요.
스피커폰으로
할게요~
엥,
허허~
현수
어머니~
네, 교수님~
안녕하세요?
증상에 맞춰서 진단을
하고 그에 따른 치료를
하여 질병의 상태에서
어느 정도 벗어나면 건강을
증진시키고 회복으로 가는
과정을 도와주는 보조
치료제들을 많이 찾게
되죠.

흔히 "자연적이다" 또는 "인체에 해롭지 않다" 라는 인식 때문에 환자나 보호자뿐만 아니라 일반 대중도 이런 방법들을 많이 선택하시는 거 압니다.
현수가 처방받은 약물 부작용 때문에 걱정이 많으시죠?
네...
병원치료를 못 믿어서가 아니라 좋다고 하는 것들을 병합하면 효과가 빠를 거라는 기대감도 생기고요?
네...
쥐구멍 어딨나..
병원치료는 규칙도 절차도 까다로운데 마음대로 추가했다가 멈추다가 할 수 있는 것도 빼놓을 수 없는 장점이고요?
네...
결론부터 말씀드리자면... 첫째!
자폐 스펙트럼 장애뿐만 아니라 많은 질환에서 보완대체치료의 수요가 전 세계적으로 증가하고 있으며 이미 널리 사용 중인 상태지만
보완대체치료
쑥쑥~

대부분의 보완대체치료의 경우 치료 효과나 안정성이 과학적으로 검증되지는 못한 상태라는 것.
절레 절레
둘째, 그럼에도 불구하고 보완대체치료가 기존의 전통적인 치료법들을 대체할 수 있는것처럼 과대 포장되거나 잘못된 방법으로 사용되는 경우가 많아
이를 사용하는 많은 환자나 보호자에게 경제적 손실, 부작용, 심지어 생명의 위협까지 일으키고 있다는 것.
어머, 정신 차려!!
셋째, 이러한 문제점을 지니고 있는 보완대체치료에 대해서 외국에서는 '통합의학(Integrative medicine)'이라는 학문을 도입하여
통합의학
합리적이고 과학적인 방법을 사용해서 현대의학의 한 분야로 수용하고 받아들이기 위해서 수많은 연구, 교육, 법적장치 마련 등에 노력을 기울이고 있지만
science
현재 우리나라의 경우에는 이러한 것들이 제한적으로만 이루어지고 있는 실정이며
꼭 필요한 걸까?
글쎄...

특히 우리나라의 경우 "한의학" 이라는 학문이 같이 시행이 되고 있기 때문에
아프지 않죠?
아파요... 흑~~
보완대체치료에 대한 적극적인 이해와 연구 등이 반드시 시행되어져야 할 것으로 생각된다는 것! 이고요.
네...
어쨌거나, 오늘처럼 뭔가 하시기 전에 문의를 하시는 자세가 중요해요.
알겠습니다, 교수님.
부모님들이 이런 저런 이유로 주치의들에게 보완대체치료 사실을 알리지 않고 진행하는 경우가 꽤 있는데
오늘처럼 미리 문의를 하시면 병원에서도 정확한 정보를 주게 되고
자칫 일어날 수 있는 불행한 상황들을 미리 예방할 수 있겠죠?
삐이뽀~
삐이뽀~

아하! 네~ 알겠습니다, 선생님!
꼭 미리 미리 여쭙고 가실 게요~
참고 될 만한 자료 보낼 테니 다른 부모님들과도 공유 하도록 하세요.
네 고맙 습니다. 선생님!
그럼 이만 끊습니다.
딸깍
휴… 긴장, 긴장…
엄지 척
역시!!

좀 더 자세히 알아볼까요?
공부 많이 한 엄마랍니다.
아, 옛날이여~
공부해서 남 주나?

보완대체치료
이용현황은
어느 정도인가요?
어느 정도
인가요?
보완대체치료의
사용은 성인 및
아동 모두에게서
증가되고 있는
추세입니다.
미국의(National for Complimentary and Alternative Medicine(NCCAM)의 보고에 따르면,
NCCAM
보고서
미국 성인의 3/4이 질병을 치료하거나 건강을 유지하기 위해서 보완대체치료를 행하는 것으로 보고되었는데
아이들의 경우에도
약 2~50%가
보완대체치료를
사용하는 것으로
보고되었습니다.

특히 천식, 암,
류마티스와
신경발달학적
장애가 있는 경우
천식
암
류마티스
50-75% 사람들이
보완대체치료를
경험한 적 있다고
답하였습니다.
암
류마티스
자폐 스펙트럼 장애를 가진 아이들을 대상으로
보완대체치료의 사용을 조사하였을때
a u t i s m
정확한 진단받기 전에 부모에 의해서 약
1/3가량의 아이들이 영양치료(dietary
therapies)등의
보완대체치료를 실시하고 있었습니다.
EPA DHA
자폐 스펙트럼 장애의 질환별로 살펴보면
DSM-IV 기준으로
DIAGNOSTIC AND STATISTICAL
MANUAL OF
MENTAL DISORDERS
DSM-IV™

상세불명의 전반적 발달장애(Pervasive devel opmental disorder)와 아스퍼거장애(Asperger's disorder)의 진단을 받은 경우에
자폐 장애(autistic disorder)를 진단받은 경우보다 보완대체치료를 사용하는 빈도가 1/2~ 2/3 정도 적었습니다.
자폐 스펙트럼 장애에서 흔히 사용되는 보완대체치료의 종류에는 무엇이 있나요?
일단 표를 보시고...

보완대체치료의 종류	N(%)
한 종류 이상의 보완대체치료를 시행한 경우	896(26.2)
특별 식이(special diet)	548(16.0)
글루텐 제거식이 (Gluten free diet)	249(7.3)
카제인 제거식이 (Casein free diet)	289(8.5)
설탕 제거식이 (Sugar free diet)	69(2.0)
특별 식이 외에 다른류의 보완대체치료를 시행한 경우	643(18.9)
비타민 보충(Vitamin supplement)	413(12.1)
필수 지방산(Essential fatty acid)	171(5.0)
고용량의 B_6와 마그네슘(Vitamin B_6 & Mg)	99(2.9)
제독치료(Chelation therapy)	19(0.3)
침술(Acupuncture)	10(0.2)
기타 보완대체치료를 시행한 경우	173(5.1)

출처: James et al. (2012)

생물학 기반 치료 (Biologically Based Therapies)	비타민/미네랄 음식 보충 세크레틴 제독치료 고압산소치료
심신 중재 (Mid-body Intervention)	바이오피드백 명상/이완요법 최면/심상유도요법
수기 및 신체 기반 방법 (Manipulation and body based methods)	마사지 특수 운동 청각통합치료 미주신경 자극
에너지 치료 (Energy therapies)	경두개 자기 자극
대체의학체계 (Alternative medical systems)	침술 인지의학

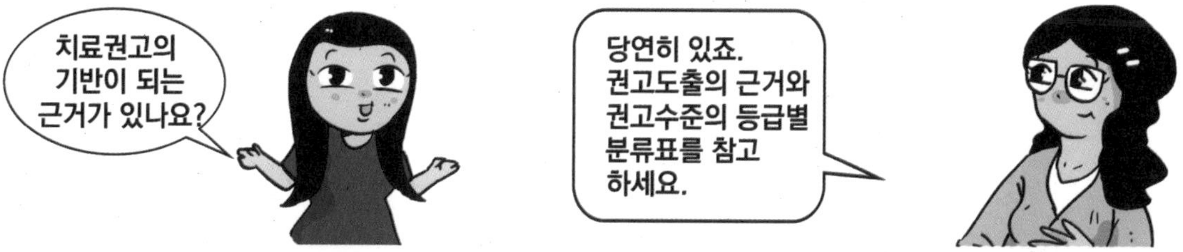
치료권고의 기반이 되는 근거가 있나요?
당연히 있죠. 권고도출의 근거와 권고수준의 등급별 분류표를 참고 하세요.

근거 수준	정의
A	권고 도출의 근거가 명백한 경우 1개 이상의 무작위임상연구(RCT) 혹은 메타분석 혹은 체계적 문헌 고찰(SR)
B	권고 도출의 근거가 신뢰할 만한 경우 1개 이상의 잘 수행된 환자 대조군 연구 혹은 코호트 연구와 같은 비 무작위임상연구(Non-RCT)
C	권고 도출의 근거가 있으나 신뢰할 수는 없는 경우 관찰연구, 증례보고와 같은 낮은 수준의 관련 근거
D	권고 도출의 근거가 임상경험과 전문성을 기반으로 한 전문가 의견(expert opinion)인 경우
N	권고 도출의 근거가 불충분하여 명백한 결론을 내기 어려운 경우

우리나라의 보완대체치료 적용현실은 어떤가요?
우리나라의 경우
자폐 스펙트럼 장애를 대상으로 보완대체치료의 사용과 관련된 연구는 거의 없는 실정입니다.
2014년에 김경민 등이 실시한 '정신지체 및 자폐 스펙트럼장애에서 다양한 치료방법의 사용실태'라는 연구에 따르면
전체 환자(정신지체 및 자폐 스펙트럼 장애 포함)의 경우 56%에서 약물치료(pharmacologic therapy)를 경험하는 것으로 조사 되었으며
자폐 스펙트럼 장애를 진단받는 경우에 약 72%에서 약물치료를 시행한다고 보고하였습니다.
〈연구 보고서〉
72%
또한 거의 모든 아동에서 최소 1개 이상의 교육-행동요법을 사용해 본 경험을 보고하였고,

이 중 가장 많은 선호를 보였던 치료 방법은 언어치료, 놀이치료, 미술치료, 운동치료, 감각통합치료 순이었습니다.
언어치료
놀이치료
미술치료
운동치료
감각통합치료
자폐 스펙트럼 장애를 가지고 있는 군의 경우 평균 3.4개의 보완대체 치료를 경험하였으며,
가장 많이 경험해보았던 하위항목은 한약 등의 약물(26%), 비타민 섭취(16%), 청각 통합요법(14%) 순이었습니다.
비타민
각 치료별 월평균 비용은 약물치료의 경우 63,704원, 교육-행동요법의 경우 약 20만원 이내의 비용이 들었고,
보완대체치료의 경우 사용 경험률이 높았던 한약과 비타민 요법의 경우 각각 268,462원, 162,500원의 월 평균 비용이 들었던 것으로 조사되었습니다.
50000
50000
치료의 만족도 측면에서는 운동치료, 놀이치료 등이 상대적으로 높게 나왔는데,

특히 운동치료는 약물 치료에 비해서도 유의하게 높은 만족도 수준을 보였습니다.
헤헤~ 또 하고 싶어요~
이는 이러한 치료방법들이 활동을 바탕으로 하는 치료여서 아동들이 자발적이고, 적극적으로 치료에 개입하는 모습을 보여서
하하하하~
부모들이 더 높은 주관적인 만족감을 보이는것으로 해석할 수 있는 결과입니다.
또한 이 연구에서는 보완대체치료를 사용한 18명 중 6명만이 보완대체치료의 사용에 대해서 의사에게 알렸던 것으로 나타나
실은 보완대체 치료를 하고 있습니다.
음...
외국의 사례(62%)보다도 낮은 비율로 관찰되었는데 이런 저조한 보고율은 전문가의 적절한 모니터링과 지침 없이
보완대체치료가 주위의 권유와 부모의 판단에 의해 사용되고 있음을 알려주고 있는 것입니다.
그게 효과가 있대..
그래? 우리도 해 볼까?

보호자들이 꼭 알아야 할 보완 대체치료 내용들에 대해 핵심만 짚어 주신다면 어떤 것을?
첫째, 많은 보완대체 치료들이 자폐 스펙트럼 장애의 다양한 증상 중 일부 증상의 개선을 목표로 하기 때문에
초기 임상적 평가를 시행할 때 이러한 부분에 좀 더 많은 관심을 가져야 합니다.
자세한 병력 검토, 심리학적·발달학적 평가, 가족 평가, 식이 조사, 신체검사, 혈액검사(납 농도 측정 포함)등을 시행하여
특별한 보완대체 치료가 필요한지 여부를 따져야 하며
꼭 그럴 필요가 없다면 근거가 확립된 치료방법이 추천됩니다.

둘째, 환자와 그 가족들은 보완대체치료를 실시하기 전에 자신의 주치의에게 보완대체치료의 적용에 대해서 반드시 상의할 필요가 있습니다.
괜찮을까요, 선생님?
셋째, 보완대체치료를 실시하는 경우에 환자가 이용할 수 있는 자원(돈, 시간, 노력) 뿐만 아니라 가족들의 상황까지도 고려되어야 합니다. 고가의 치료는 특히 주의를 요하구요.
넷째, 보완대체요법은 개인별로 보이는 증상 및 상황에 따라서 적절히 선택해야 하고
객관적인 데이터를 통해서 효과의 유무를 판단해야 하며,
긍정적인 반응인데요?
잘됐군!
일부 환자에게 효과가 있다고 해서 이를 전체 환자에게 일반화시키기는 어렵다는 것을 인지해야 합니다.
그집도 효과 봤다니까.
상황마다 다르겠지.
다섯째, 환자와 그 가족들에게 충분한 생물학적/ 심리/ 사회학적 정보 또는 교육들이 제공되어야 합니다.
좀 더 자세한 정보는 이 책에 정리했습니다.

보완대체치료에 대해서 정확한 정보를 제공하여 잘못된 선택을 하는 것을 막고
궁금한 점은 언제든 물어 보세요.
환자나 보호자들이 적절한 선택을 하도록 돕는 것이 필요합니다.
안심이 되는걸.
그러게요.
여섯째!!! 가장 중요한 것은, 현재까지의 연구를 통해 확인된 바에 따르면
자폐증에서 보완대체치료는 효과가 거의 없다는 것이 확인되었답니다!!!

사부님으로
모시겠습니다.
저도 사부님으로
모시겠습니다.
척!
어머나!
별말씀을~
모처럼 공부를
했더니 어지러워요~
끙…
공부 좋아
하신다면서요.
누가 그런 유언비어를…
그럼 저는 잠을…
쿵!!
어머!
ZZZ
오도당동당~

우당탕탕탕탕~
같이 가~
빨리 와~
이모~
마녀 이모~
놀아주세요~
이놈들~~
마녀가 잡아
먹어줄테닷!!!
으어어어어어~
꺄아아아아!!
호호호호~
끌끌끌~
나이를 어디로
먹었는지…
왜요, 보기
좋은데요.
저는 무조건
고마운 마음
인걸요.
하긴 애들이 있어야 웃지.
어른들끼리는 삭막하기만
할 거야, 그쵸?

왜 애들을 부추겨?
내가 언제?
싫어요, 기영이랑 더 놀래요.
현수야, 이제 그만 놀고 집에 가자.
저도 더 놀래요~
다녀왔습니다.
저도 다녀왔습니다.
누나~~ 형~~

자폐에 대해 궁금해하시는 분들이
참고할 만한 정보를 전달해 줄
홈페이지 주소입니다.

A. 대한소아청소년 정신의학회. http://www.kacap.or.kr

B. 한국자폐학회. http://www.autism.or.kr

C. 기쁨터(발달장애아 가족 자조모임): http://www.joyplace.org/

D. Autism Speaks. http://www.autismspeaks.org/

E. Autism Speaks(한국). https://www.autismspeaks.org/family-services/non-english-resources/korean

F. National Institute of Health (NIH) National Center for Complementary and Alternative Medicine. http://www.nccam.nih.gov/

G. Autism Science Foundation. http://www.autismsciencefoundation.org/

H. Research Autism. http://www.researchautism.net/pages/welcome/home.ikml

으아아~~~
드디어 끝냈다!!
끝

저자 소개

러블리 마녀 입니당~

글 **이민정**

연세대학교 교육학과 졸업
2003 시사문단 신춘문예 시 부문 신인상 수상
2004 『밥집 여자의 시』 출간
2006 『그리운 이름은 눈물로 써도 소금기가 없다』 출간
2011 음악전문잡지 『파라노이드』 사진기자로 근무
2012 카카오톡 오늘의 웹툰 연재 〈마녀일기〉
2014 페이스북 1인 미디어 페이지 개설 '마녀의 제주살이'
2015 서귀포시 예술문화육성사업 '작가의 산책길' 강의
2016 서울-제주 개인 사진전 '빛의 길, 창(窓)'
2017 제주사진문화공동체 '비춤' 그룹전

그림 **이우영**

공주영상대학교 만화창작과 졸업
1992 소년챔프 우수만화 우수상 수상
1992/7~2006 〈검정고무신〉 장편 연재(소년챔프)
1995 한국만화대상 신인상 수상
1999~현재 〈검정고무신〉 애니메이션 방영(각종 방송 매체)
2000 대한민국 영상 만화대상 TV 부문 우수상 수상
2004 서울 YMCA 선정 좋은 어린이 프로그램 수상
2012 한국 콘텐츠진흥원 캐릭터 공모전 입상(지원사업 선정)
카카오톡 오늘의 웹툰 연재 〈마녀일기〉

감수 **김붕년**

서울대학교 의과대학 석사 · 박사
한국자폐학회 회장(2012~2013년)
대한소아청소년정신의학회 · 대한청소년정신의학회 ·
　대한신경정신의학회 이사
서울시 소아청소년 광역정신보건센터장
서울시 중구정신건강증진센터장
서울시 서초구정신건강증진센터 자문위원, 서울시 아이존 자문위원
현 서울대학교 의과대학 소아청소년정신과 교수
　서울대학교어린이병원 소아청소년정신과장

푸르메재단
the Purme Foundation

푸르메재단은 장애인과 가족이 당당하게 살아갈 수 있는 기반을 마련하기 위해 의료, 재활, 자립, 교육 등 다양한 분야를 지원할 뿐만 아니라 국내 최초 통합형 어린이재활병원을 세워 장애어린이에게 제때 알맞은 치료를 제공하고 사회에 복귀할 수 있도록 돕고 있습니다.

• 홈페이지 http://purme.org

종로아이존
the Purme Foundation Jongno Aizone

서울시 종로아이존은 푸르메재단이 서울시로부터 위탁받아 발달장애 아동과 가족들에게 전문적이고 다각적인 치료서비스를 제공하여 가정 및 학교 생활에 적응하도록 돕기 위해 운영되는 서울형 아동청소년 정신보건기관입니다.

• 홈페이지 http://jongnoaizone.or.kr

얘들아! 천천히 행동하고 주의집중하는 것을 배워 보자
-ADHD 극복하기-

Kathleen G. Nadeau · Ellen B. Dixon 공저 / 양명희 · 황명숙 공역
2007년 · 사륙배판변형 · 154면 · 12,000원

이 책은 어린이를 중심으로, 어린이의 관점에서 쓰였다는 점에서 특별하다. 또한 이 책은 주의집중과 과잉행동의 어려움을 가진 아이들이 직접 읽을 수 있도록 구성되었다. 초등학생을 대상으로 쓰인 이 책은 어린이의 관심을 끌 수 있는 만화를 사용하고 있어 읽기가 아주 쉬울 뿐 아니라, 짧게 구분하여 조금씩 읽을 수 있도록 되어 있다.

자폐증 · 아스퍼거 증후군 아동을 위한
사회성 이야기 158

Carol Gray 저 / 이주현 역
2016년 · 사륙배판 · 360면 · 20,000원

이 책은 1991년 캐롤 그레이(Carol Gray)라는 특수교사가 개발하여 20년 넘게 자폐 스펙트럼 장애 아동의 교육에 널리 사용되고 있다. 이 책에 담긴 사회성 이야기(social story)는 자폐증을 겪는 아이들이 상대방의 마음 읽기가 안 되기에 2인칭 문장이 아닌 1인칭과 3인칭의 문장을 사용하며, 아이들의 안전에 최우선을 두고 명확한 메시지를 전달한다.

놀이치료로 행복을 되찾은 아이, 베티

Anneliese Ude-Pestel 저 / 오현숙 역
2005년 · 신국판 · 244면 · 11,000원

이 책은 2년여에 걸친 심리치료를 통해 고립된 자신으로부터 벗어나 평범한 일상으로 돌아온 한 소녀 베티의 이야기를 담았다. 또한 이 책은 아이들이 보이는 증상 이면에 있는 갈등의 원인을 이해하는 것이 얼마나 중요한지 강조하면서, 증상의 완화를 넘어 문제의 근원을 해결해야 함을 명백히 보여 준다.

놀이치료 · 아동심리치료로 행복을 되찾은 아메트

Anneliese Ude-Pestel 저 / 오현숙 역
2014년 · 신국판 · 384면 · 14,000원

불안과 외로움에 빠져 있는 아이 아메트의 심리치료 과정을 담은 책이다. 아메트가 심리치료를 통해 자신의 정서를 표현하고 자기 신뢰와 삶의 힘을 되찾는 과정을 현장감 있는 대화체를 사용해 보여 준다. 또한 아동의 마음 건강 회복을 위한 발달 촉진 요인과 건강한 아이의 핵심이 무엇인지를 느끼도록 안내한다.

리틀 몬스터

–대학교수가 된 ADHD 소년–

Robert Jergen 저 / 조아라 · 이순 공역
2005년 · 신국판 · 336면 · 9,900원

스물넷이 되어서야 ADHD 진단을 받은 Robert Jergen 위스콘신 대학교 교수의 자서전이다. 저자는 ADHD 진단을 받은 뒤 자신의 경험을 바탕으로 ADHD 아동의 관점에서 이를 정확히 분석해 알리고자 자서전을 쓰게 되었다고 밝히고 있다. 이 책은 관찰자의 입장에서 서술된 기존의 관련 책과는 달리, ADHD를 극복할 수 있었던 저자의 실제 사례와 전략을 생생하게 담아냄으로써 ADHD 아동과 부모, 치료자가 ADHD를 본질적으로 이해할 수 있도록 돕는다.

별종, 괴짜 그리고 아스퍼거 증후군

Luke Jackson 저 / 이주현 역
2009년 · 신국판 · 280면 · 12,000원

이 책의 저자 Luke Jackson은 실제로 아스퍼거 증후군을 앓고 있는 인물이다. 이 책은 저자의 실제 경험을 바탕으로 아스퍼거 증후군 아이들에게 왕따, 우정, 다른 사람들에게 아스퍼거 증후군을 설명하는 방법, 학교에서의 어려움, 데이트, 인간관계, 도덕성 등에 관해 유쾌하게 안내해 준다.

자폐 소년 제이–맥, 농구로 말하다

Jason "J–Mac" McElwain · Daniel Paisner 공저 / 신현기 · 김은경 공역
2011년 · 신국판 · 272면 · 13,000원

이 책은 자폐 소년 제이–맥의 이야기이다. 자폐아로 살아온 그의 삶을 과거부터 되짚어 올라옴과 동시에 현재의 시점에서 순간순간의 생생한 경기 장면 속으로 들어가는데, 여기에는 그가 농구를 통하여 세상에 전하고자 하는 메시지가 담겨 있다. 제이–맥은 지금의 자신이 존재하기까지 수많은 사람의 눈물과 기도, 격려와 지원이 있었다는 사실을 털어놓으면서, 그들에게 기쁨과 감사를 전한다.

아스퍼거 장애 극복하기

Janet Price · Jennifer Engel Fisher 공저 / 김경민 역
2012년 · 신국판 · 304면 · 13,000원

아스퍼거 장애와 비언어적 학습장애를 가진 학생들을 위한 책이다. 장애를 가진 학생들에게는 지침서나 안내서의 역할을, 장애를 가지지 않은 사람들, 특히 부모나 교사, 친구들에게는 그들을 이해하는 길잡이로서의 역할을 할 것이다. 또는 장애를 가진 사람을 내 친구로, 이웃으로, 동료로, 배우자로 맞이하기 위한 시도의 첫걸음이 될 수도 있다. 이 책이 제시하는 전략을 바탕으로 장애를 가진 학생들이 자신의 다양한 장점을 살려서 여러 사람들과 어울려 살아가는 데 도움이 될 수 있다.

검정고무신 기영이의
자폐친구 사귀기
-발달특성에 맞춘 자폐아동 부모교육 매뉴얼-

2017년 7월 5일 1판 1쇄 인쇄
2017년 7월 10일 1판 1쇄 발행

글쓴이 • 이민정
그린이 • 이우영
감수자 • 김붕년
펴낸이 • 김진환
펴낸곳 • (주) 학지사
04031 서울특별시 마포구 양화로 15길 20 마인드월드빌딩
대표전화 • 02)330-5114 팩스 • 02)324-2345
등록번호 • 제313-2006-000265호

홈페이지 • http://www.hakjisa.co.kr
페이스북 • https://www.facebook.com/hakjisabook

ISBN 978-89-997-1289-0 03370

정가 15,000원

이 도서의 국립중앙도서관 출판시도서목록(CIP)은 서지정보유통지원시스템 홈페이지(http://seoji.nl.go.kr)와 국가자료공동목록시스템(http://www.nl.go.kr/kolisnet)에서 이용하실 수 있습니다.
(CIP 제어번호: CIP2017014169)